W0233143

rowohlts monographien
begründet von Kurt Kusenberg
herausgegeben
von Wolfgang Müller

Ludwig Feuerbach

**mit Selbstzeugnissen
und Bilddokumenten
dargestellt von
Hans-Martin Sass**

Rowohlt

Dieser Band wurde eigens für «rowohlts monographien» geschrieben
Den Anhang besorgte der Autor
Herausgeber: Kurt Kusenberg · Redaktion: Beate Möhring
Umschlaggestaltung: Werner Rebhuhn
Vorderseite: Ludwig Feuerbach
(Privatbesitz Familie Feuerbach)
Rückseite: Ludwig Feuerbach in seinem Arbeitszimmer im Haus am
Rechenberg. Holzstich nach einer Skizze von Heinrich Grünewald
(Aus: «Über Land und Meer», 1872)

Veröffentlicht im Rowohlt Taschenbuch Verlag GmbH,
Reinbek bei Hamburg, September 1978
Copyright © 1978 by Rowohlt Taschenbuch Verlag GmbH,
Reinbek bei Hamburg
Alle Rechte an dieser Ausgabe vorbehalten
Satz Times (Linotron 505 C)
Gesamtherstellung Clausen & Bosse, Leck
Printed in Germany
1090-ISBN 3 499 50269 0

4. Auflage. 20.–21. Tausend März 1994

Inhalt

Ludwig Andreas Feuerbach.
Lithographie von V. Schertle nach einem Gemälde von Bernhard Fries

Die Feuer-Bachs

Was ist ein Feuer-Bach? Ist es der Gegensatz von Unvereinbarem, die tödliche Spannung zwischen Feuer und Wasser? Oder ist es ein feurig dahinfließender Strom, gar ein Feuerstrom? Die Familientradition der bis ins 13. Jahrhundert zurückzuverfolgenden Familie, die bekannte Theologen, Juristen, Kunsthistoriker, Mathematiker, Maler – und Ludwig Feuerbach – hervorbrachte, kennt beide Deutungen. Auf dem Grabstein des hessischen Pfarrers Johann Hartmann Feuerbach finden wir die Inschrift «nomen erat omen compositum ex igne et rivo» – dieser Mann also muß ein Charakter gewesen sein, in dem Feuer und Wasser miteinander kämpften. Die Inschrift soll von seinem Vetter Johann Henrich Feuerbach formuliert worden sein, der im Jahre 1676 in Gießen eine Dissertation über die Hexen und den Hexenwahn schrieb.[1]* Gar nicht unbescheiden und von der kopernikanischen Revolution seiner Kritik des religiösen Gottesverhältnisses überzeugt, schreibt Ludwig Feuerbach den theoretisierenden und spekulierenden Theologen und Philosophen ins Gewissen: *Und euch, ihr spekulativen Theologen und Philosophen, rate ich: macht euch frei von den Begriffen und Vorurteilen der bisherigen spekulativen Philosophie, wenn ihr anders zu den Dingen, wie sie sind, d. h. zur Wahrheit kommen wollt. Und es gibt keinen anderen Weg für euch zur Wahrheit und Freiheit, als durch den Feuer-bach. Der Feuerbach ist das Purgatorium der Gegenwart.*[2]

Ein leidenschaftlicher und herrschsüchtiger Feuerkopf im Persönlichen und ein feuriger Strom in seiner wissenschaftlichen Arbeit – der Rechtstheoriekritik und der Grundlegung der modernen Strafrechtstheorie des positiven Rechts – war auch Ludwigs Vater Paul Johann Anselm, seit 1808 Ritter von Feuerbach (1775–1833). Aus dem Frankfurter Zweig der Familie stammend, zählt er viele Juristen zu seinen Vorfahren und wurde selbst einer der bedeutendsten und einflußreichsten: der Begründer des positiven Rechts und der Vergeltungstheorie im Strafrecht. Als Jugendlicher aus dem Frankfurter Elternhaus spannungsreichen Disputen mit dem Vater und dessen

* Die hochgestellten Ziffern verweisen auf die Anmerkungen S. 135 f.

Mätresse entflohen, fand er seit 1792 Zuflucht bei Verwandten in Jena, wo er bei dem Kantianer Reinhold Philosophie studierte. Kants und Reinholds Kritik am Naturrecht konsequent weiterdenkend, veröffentlicht er noch als Student seine Schrift «Über die einzig möglichen Beweisgründe gegen das Dasein und die Gültigkeit der natürlichen Rechte» (1795), deren Thesen dann 1795 in seiner «Kritik des natürlichen Rechts» und 1798 in «Anti-Hobbes oder über die Grenzen der höchsten Gewalt und des Zwangsrechts der Bürger gegen den Oberherrn» weiterentwickelt werden. Der Philosoph und Jurist vertritt die These, daß es kein von Natur her gültiges Recht gebe, daß alles Recht vom Menschen erst gesetzt sei und daß zwischen Recht und Moral strikt getrennt werden müsse. Der Richter stehe nur unter

Paul Johann Anselm Ritter von Feuerbach

dem Gesetz, dessen strenge Konsequenz er nicht durch Willkür oder subjektives Wertempfinden mildern oder sonstwie verändern dürfe. Paul Johann Anselm heiratet im Jahre 1798 seine Geliebte Wilhelmine Tröster aus Dornburg, die im gleichen Jahr den ältesten Sohn Joseph Anselm, den späteren Kunstkritiker und Archäologen, Vater des Malers Anselm Feuerbach in Dornburg zur Welt bringt. Der junge Vater war nach der Heirat aufs «Brotstudium» angewiesen; er wurde Dozent der Rechtswissenschaft in Jena und erhielt 1801, ein Jahr nach der Geburt seines zweiten Sohnes Karl Wilhelm (1800–34) gleichzeitig Rufe an die Universitäten Jena, Kiel, Greifswald, Erlangen und Landshut. Er ging nach Kiel. Im gleichen Jahr erschien sein «Lehrbuch des gemeinen in Deutschland gültigen peinlichen

Wilhelmine von Feuerbach, geb. Tröster

Landshut: Blick in die Altstadt

Rechts», von dem Ludwig Feuerbach anonym unter dem Stichwort *P. J. A. Feuerbach und seine Söhne* im fünften Band von Wigands Conversations-Lexikon 1847 schreibt, daß es inzwischen dreizehn Auflagen erlebt habe. Aber schon ein Jahr später – inzwischen war am Neujahrstag 1803 sein dritter Sohn Eduard August (1803–43) geboren – folgte der protestantische Jurist einem Ruf an die katholische Universität in Landshut. *Bayern, damals, unter der aufgeklärten Regierung Max[imilian] Josephs II., in seiner Glanzperiode, im Entwurfe umfassender Reformen begriffen, gewährte – später leider nur mit zu großen Beschränkungen – seinem Geiste den entsprechenden Wirkungskreis. Er erhielt (1805) den Auftrag zum Entwurf eines neuen Strafgesetzbuchs und wurde zu diesem Zwecke (1806) nach München als Referendar in das Ministerial-, Justiz- und Polizeidepartement versetzt. Sieben Jahre arbeitete F. an diesem Entwurfe, welcher 1813 unter dem Titel «Strafgesetzbuch für das Königreich Bayern» genehmigt und von vielen Staaten zur Grundlage ihrer Kriminalgesetzgebungen genommen wurde. Trotzdem hat dieses Gesetzbuch, welches, seiner Einseitigkeiten ungeachtet, einen wesentlichen Fortschritt in der Geschichte der deutschen Gesetzgebung bezeichnet, so viele fremde Zusätze, Veränderungen und Entstellungen erlitten, daß es F. stets nur mit tiefstem Schmerz als ein gänzlich verpfuschtes Werk betrachtete.*[3]

«Ich werde nun Bayern nicht mehr verlassen», schrieb Paul Johann Anselm seinem Vater nach Frankfurt, «denn nirgends ist es möglich, mir auch nur eine ähnliche äußere Lage zu geben. Von einer künftigen Änderung in den Maximen der Regierung habe ich nicht das mindeste zu besorgen. Gerade die wärmsten Katholiken, die hier angestellten Geistlichen und die allermeisten Professoren sind Clerici und sind meine innigsten Freunde.»[4] Die Integration des Protestanten in die christlich katholische Umwelt muß – entweder aus Opportunität oder aus innerer Zufriedenheit über die glänzenden beruflichen Aussichten in Bayern – so schnell und so intensiv gewesen sein, daß Ludwig Feuerbach, mit vollem Namen Ludwig Andreas Feuerbach, geboren am 28. Juli 1804 in Landshut, nach katholischem Ritus am königlich-bayerischen Stadt-Pfarramt zum heiligen Jodocus getauft wurde. Wegen Mißhelligkeiten mit Kollegen ließ der leicht zu kränkende Vater sich 1806 in die Residenzstadt München versetzen. Hier wurde ihm 1807 der jüngste Sohn Friedrich geboren. Die stattliche Kinderzahl vergrößerte sich in den folgenden Jahren nach fünf Söhnen noch um drei Töchter, Magdalene, Leonore und Elise.

Gerechtigkeitssinn und feuerbachsche Hartnäckigkeit ließen Ritter Anselm 1813 eine Broschüre «Über die Unterdrückung und Wiederbefreiung Europas» gegen Napoleon und 1814 zur Eröffnung des Wiener Kongresses gegen die sich abzeichnenden restaurativen Tendenzen ein Schriftchen «Für deutsche Freiheit und Vertretung deut-

Anselm Ritter von Feuerbach, Archäologe und Kunsttheoretiker

scher Völker durch Landstände» schreiben. Dieses Schriftchen, der Situation angemessen eher zu leise und gemäßigt formuliert, zog ihm dennoch die Ungnade des bayerischen Königs zu. Er wurde als (zweiter) Oberpräsident an das Appellationsgericht nach Bamberg (straf-)versetzt, ein Gericht, das schon einen Präsidenten hatte. Zwei Jahre besucht Ludwig Feuerbach hier in Bamberg das Progymnasium, bis er im Jahre 1817 Schüler des Ansbacher Gymnasiums wird.

1817 erhielt der Vater einen Ruf als Präsident an das Appellationsgericht in Ansbach. Hier zog er mit Nanette Brunner, seiner Geliebten aus Münchener Tagen, zusammen. Unter der Obhut einer alten Dienerin bekamen die jüngeren Brüder Friedrich, Ludwig und Eduard dort einen eigenen Hausstand in der Nähe und unter Aufsicht des Vaters. Die Mutter wurde mit den drei Töchtern in Bamberg zurückgelassen. Die beiden ältesten Söhne gingen zur Universität nach Erlangen. Erst nachdem Ludwig das Gymnasium 1822 beendet hatte und Nanette Brunner gestorben war, zogen die Eltern wieder zusammen. Ludwig Feuerbach schrieb in dem schon zitierten Lexikonartikel: *Im Frühjahr 1833 reiste er (Ritter Anselm von Feuerbach) in seine Vaterstadt, um dort zu sterben, am 29. Mai. Aber er lebt noch fort, nicht*

Karl Wilhelm Feuerbach, Mathematiker

nur in den Werken seines Geistes, sondern auch in den Werken seines Fleisches. Er hinterließ 5 Söhne, alle Erben nicht nur seines Namens, sondern auch seines Geistes. Des Archäologen und Kunsttheoretikers Anselms bekanntestes Werk ist «Der vatikanische Apoll» (1833, in 2. Auflage 1855). Karl wurde in jungen Jahren nach Studien in Erlangen und Freiburg Professor für Mathematik in Erlangen; überbegabt und von labiler Gesundheit starb er 1834 an den Folgen von vermutlich unberechtigten Verdächtigungen und Inhaftierungen wegen des Vorwurfs der aktiven Teilnahme an burschenschaftlichen Verschwörungen. Der Feuerbachsche Kreis (Neunpunktekreis) ist von ihm zuerst beschrieben worden und nach ihm benannt. Er schrieb «Eigenschaften einiger merkwürdiger Punkte des gradlinigen Dreiecks» (1822) und «Grundriß zu analytischen Untersuchungen der dreieckigen Pyramide» (1827). August Eduard, der Jurist, war Dozent und Profes-

Friedrich Feuerbach. Zeichnung von Lohbauer, 1830

sor der Jurisprudenz in München und Erlangen; er schrieb «Die Lex Salica und ihre verschiedenen Rezensionen» (1831); mit 30 Jahren starb er ebenso plötzlich wie sein Vater im Jahre 1843. Friedrich, der jüngste, studierte Literatur und Sprachen in Erlangen, Bonn und Paris und privatisierte später in Nürnberg, leidend an den Spätfolgen einer Choleraerkrankung, die er sich 1832 in Paris zugezogen hatte. Friedrich ist als Popularisator der religionsphilosophischen Ideen seines Bruders, die er zum Glaubensinhalt einer Kirche der Zukunft machen wollte, bekannt geworden. Er schrieb unter anderem «Die Religion der Zukunft» (1843), «Die Bestimmung des Menschen und Reisepass eines Christen» (1844), «Mensch oder Christ? Sein oder Nichtsein» (1845), «Die Kirche der Zukunft. Eine Reihe von Aphorismen» (1847), «Gedanken und Tatsachen. Ein Beitrag zur Verständigung über die wichtigsten Bedingungen des Menschenwohles» (1862). Über ihn schrieb Ludwig aufmunternd und zum Teil auch berechtigt in dem schon zweimal zitierten Lexikonartikel 1847: *Er ist übrigens nichts weniger als ein Organ seines Bruders Ludwig, wofür ihn urteilslose Schreiber ausgeschrien haben. Er steht auf seinen eigenen Beinen. Schon 1838 schrieb er eine anonyme Schrift «Theanthropos», welche nur in der Selbständigkeit das Heil des Menschen erkennt.*

Über sich selbst schrieb Feuerbach in diesem anonymen Lexikonbeitrag *Ludwig F., geb. den 28. Juli 1804, der bekannteste und als Schriftsteller tätigste unter seinen Brüdern, der, welcher die Rolle seines Vaters zu wiederholen bestimmt scheint, aber auf einem ganz anderen Gebiete, auf einem Gebiete, wo keine Orden und Titel zu erwerben sind, studierte erst Theologie, dann Philosophie in Heidelberg und Berlin, dozierte einige Jahre in Erlangen, zog sich aber dann im Bewußtsein, daß eine Universität, wo «außer dem Kartoffelbau der Brotwissenschaften nur die fromme Schafszucht im Flor ist», kein Ort für ihn sei, und «im Gefühl, daß er mit Gedanken schwanger gehe, die nur in einem ungestörten und unabhängigen Leben zur Reife gedeihen könnten», in der Nähe von Ansbach auf das Land zurück. Seine Schriftstellerlaufbahn begann er 1830 mit seinen namen- und formlosen, aber durch ihre titanische Genialität und übersprudelnde Bilderfülle ausgezeichneten «Gedanken über Tod und Unsterblichkeit». Nachdem er in dem Lavastrom dieser Schrift sein Jugendfeuer ausgetobt hatte und in den Xenien seiner eigenen späteren philosophischen Entwicklung in kühnen Sätzen poetisch vorausgeeilt war, ging er, statt vorwärts, zurück auf die Geschichte der Philosophie, um «in einem rein objektiven Element die eigne Subjektivität zu überwinden» und zu bilden. Aus dieser Periode der Resignation, der Zurückhaltung des eignen Wesens stammt das noch heute nicht erloschene Vorurteil, welches ihn zur Hegelschen Schule rechnet, ob er gleich schon 1838 die Rolle des historischen, nur die Gedanken anderer reproduzierenden und entwickelnden Denkers mit der Rolle eines Kritikers vertauschte. Sein «P. Bayle» eröffnet, sein «Wesen des Christentums» vollendet und schließt diese Periode der Kritik; denn es wird hier nicht nur, was die Sache der Kritik ist, der Gegenstand in seine Bestandteile und Widersprüche aufgelöst, sondern zugleich aus einem allumfassenden Prinzip genetisch produziert. Dieses Prinzip, woraus F. alles ableitet und worauf er alles zurückführt, ist ihm «der Mensch auf dem Grund und Boden der Natur». Die Darstellung und Entwicklung dieses Prinzips, welches F. auf die Wahrheit der sinnlichen Anschauung gründet und an die Stelle der bisherigen partikulären und abstrakten philosophischen und religiösen Prinzipien setzt, bezeichnet die dritte Periode in F.s Leben, die wir, im Unterschiede von seiner früheren historischen und kritischen, die positive oder produktive Periode nennen können. Die Bedeutung F.s zu entwickeln, namentlich seine philosophische, die übrigens schon darin deutlich ausgesprochen ist, daß er schon von Anfang an die Historie und Empirie überhaupt zur Grundlage seines Denkens machte, ist hier nicht der Ort, auch jetzt nicht die Zeit. Er ist eben in der Herausgabe und Revision seiner sämtlichen (bei Otto Wigand erscheinenden) Schriften begriffen. Erst nach Vollendung dieser Aufgabe wird sich eine genügende Charakteristik seines wahren Wesens geben lassen.* – Schrieb Karl Grün, Feuerbachs erster Biograph: «Die Feuerbachs sind lauter Feuerbäche ... Was sich aber noch weit mehr vererbte als das juristische Blut, war die Feuergarbe, die nach allem Wissenswerten züngelte, die geniale Unsicherheit in der Wahl des Berufes, das Ablenken von einer Laufbahn in die andere.»[5]

Schulzeit und Studium

Feuerbach besuchte in München die katholische Grundschule und seit der Versetzung des Vaters nach Bamberg dort für zwei Jahre das Progymnasium, das dem Zwölfjährigen auf dem Zeugnis bescheinigte, er habe sich «durch seinen offenen Charakter, seine Ordnungsliebe, sowie durch äußerst stilles, ruhiges Wesen, durch vorzügliches sittliches Betragen überhaupt und durch großen Fleiß ausgezeichnet»[6]. Die Berufung des Vaters nach Ansbach, die Trennung der Eltern und das Heranwachsen in einem mit den Brüdern Eduard und Friedrich geteilten eigenen Hausstand in der Nähe des herrschsüchtigen, strengen und wohl auch unbeherrschten Vaters und dessen Geliebter – der Nanette Brunner – bedeuteten für den Dreizehnjährigen den Abschied von einer bis dahin wohl recht glücklichen Jugendzeit. Feuerbach litt sehr unter der Trennung von der geliebten Mutter und den Schwestern; außerdem fühlte er sich zum Vermittler zwischen den Eltern – und sei es auch nur zum bestellten oder freiwilligen Informationsaustausch unter beiden – aufgerufen. Der Briefwechsel des Schülers mit seiner Mutter, insgesamt zwölf uns erhaltene Briefe zwischen 1817 und 1821, von denen bisher nur zwei veröffentlicht wurden, geben uns einen guten Einblick in die am Ausgleich zwischen den Eltern bemühte Sorge Ludwigs, die innige Liebe zur Mutter, aber auch die respektvolle Anerkennung der Autorität des Vaters. So schreibt er im Januar 1819 zum Geburtstag der Mutter: *Theuerste Mutter, nicht bloß Schuldigkeit und Pflicht, sondern vielmehr ein reges Gefühl der Dankbarkeit für Deine Liebe und Deine vielen Wohltaten, die Du mir bisher erwiesen hast, treibt mich jetzt an Dir, Dir meine gute Mutter, die aufrichtigsten und herzlichsten Wünsche darzubringen. Zwar, was nützen bloß Wünsche? ich will aufwärts blicken gen Himmel zu dem Unaussprechlichen, und ihn inbrünstig und demutsvoll anflehen, daß er Dir, o Gute! und Deinen lieben Töchtern, eine gute Gesundheit gebe, und über Euch Friede, Ruhe, Frohsinn und Freuden in Hülle und Fülle ausgieße! Ach, du gütiger Vater im Himmel, erhöre das Flehen eines schwachen Kindes! Ach! Laß über einer zärtlichen Mutter mit ihren frommen Töchtern Deinen Frieden und Deine Gnade walten! So kann ich Dir denn nichts anderes für Deine vielen Wohltaten, die Du*

Brief Ludwigs an die Mutter, 1819. Erste Seite

mir erwiesest, zum Dank darbringen, als die aufrichtigsten Wünsche und ein frommes Gebet zu unserem Schöpfer, doch ich tröste mich damit, daß ich weiß, Du verlangst keine Geschenke von Deinen Söhnen.[7]

Während einer dienstlichen Reise des Vaters nach Paris, an der auch die Brunner teilnahm, hatten die Söhne – wohl unerlaubt – die Mutter im nahen Bamberg besucht und Friedrich war krank geworden. Voller Furcht vor Strafe und doch die geliebte Mutter vor dem Zorn des Vaters zu schützen trachtend, erwarten Eduard und Ludwig die Rückkehr des Vaters in Ansbach. An die Mutter schreibt Ludwig am 13. Mai 1821: *Wie weit froher, wie weit vergnügter wäre ich, wenn ich mich mit Euch herzlich unterhalten könnte. Doch es kann ja nicht so sein, und Gott will es ja so, und was Gott tut, das ist wohlgetan. Wir haben noch keinen Brief bekommen, wann der Vater hier eintreffen wird, wir erwarten aber alle Tage einen. Übrigens bin ich und Eduard jetzt ganz ruhig, getrost, auf alles gefaßt, und wir wollen gewiß dem Vater alles ganz offen, liebreich und bescheiden sagen, so daß er gewiß nicht über Fritzens Aufenthalt in Bamberg zornig und böse werden kann; sollte aber der Vater darüber böse werden, sollte er Dir etwa einen harten, einen unfreundlichen Brief schreiben, so kränke Dich ja nicht, o ich bitte Dich, meine liebe Mutter, kümmere Dich ja nicht darüber, denn Dein Meister wird Dir ja mit sanfter Stimme zurufen: Nein, Du hast nicht Unrecht daran getan, Du hast nur Deine Schuldigkeit, Deine Mutterpflicht erfüllt. Doch ich hoffe, ich bin fast fest überzeugt, er erzürnt sich nicht darüber, wenn wir es ihm vernünftig und ordentlich sagen.*[8] Anselm Ritter von Feuerbach, geadelt 1808, war der Theoretiker der Abschreckung im Strafrecht, aber auch der Verfechter des Satzes: nulla poena sine lege – Strafe nur, wenn ein Gesetz vorliegt und übertreten wird! – Aber auch zwischen den in Erlangen studierenden älteren Brüdern, dem Vater und der Mutter muß der Dreizehnjährige vermitteln: *Liebste Mutter! Ich muß Dir, liebe Mutter, eine traurige Nachricht schreiben, nämlich diese, daß Karl und Anselm so liederliche Studenten sind, sie bezahlen nicht die Professoren und haben in diesem Jahre schon 400 fl. Schulden gemacht. In jeder Woche kommt fast ein Brief von Professoren, und beklagen sich über sie. Der Vater ist recht erzürnt auf sie, sie dürfen nicht vor seine Augen kommen, und hat gesagt, daß er sie, wenn sie sich nicht außerordentlich bessern, unter die Soldaten tun werde. Er hat uns aufgetragen, Dir zu schreiben, daß Du sie sehr ermahnest, und nicht nach Bamberg läßt, damit sie in Erlangen bleiben und studieren, denn sie dürfen auch nicht nach Ansbach. Gute Mutter, tue dieses und ermahne und schreibe an sie recht oft, denn sonst könnten die Worte unseres lieben Vaters in Erfüllung gehen und üble Folgen haben. Hättest Du an sowas geglaubt und besonders von Karl? Der Vater ist ziemlich gesund, nur am Arme leidet er oft. Wir sind ganz gesund. Wir lernen jetzt auch fechten, weil es eine so gute Leibesübung ist. Grüße nur recht herzlich meine lieben Schwestern. Schreibe uns recht bald. Lebe wohl, liebe Mutter und kümmere Dich nicht zu sehr über diese Nachricht. Dein Sohn Ludwig Feuerbach.*[9] Drei Monate später kann Ludwig der Mutter dann berichten: *Heute, liebe Mutter, hat der gute Vater aus einem Brief von Erlangen erfahren, daß beide wieder recht fleißig sind.*[10] – Der Sechzehnjährige macht sich schließlich auch Gedanken über die Erziehung und das Seelenheil seiner Schwestern. Der Mutter erteilt er den altklugen Ratschlag: *Halte sie ja recht, gute Mutter, an, daß sie fleißig in den «Stunden der Andacht» und in der heiligen Bibel lesen. Denn wahrlich die Bibel ist das Buch aller Bücher und unser kostbarstes Gut, denn nur sie kann uns glücklich, selig und zufrieden machen. Wenn ich Euch raten darf, so lest Euch vor, z. B. das schöne Buch Tobias im Alten Testament, oder die herrliche und schöne Bergpredigt Christi in Matthäus im 5., 6. und 7. Kapitel, oder auch das Buch Sirach. – Tausend herzliche Grüße an meine lieben, lieben Schwestern und alle meine Bekannten. O möge der gütige Menschenvater im Himmel stets mit Euch sein und Euch seinen sanften Frieden stets geben, der höher ist als alles Erdenglück!*[11]

Die erwähnten «Stunden der Andacht» des Schweizer Heimatschriftstellers und Verfassers erbaulicher Schriftchen, Heinrich Zschokke (1771–1848), seit 1816 in mehreren Dutzend Auflagen in ganz Europa verbreitet, spiegeln so recht die Betulichkeit der Sprache und die konfessionslose Religiosität des Ansbacher Pennälers wider. Naturschwärmerei, Patriotismus und erbauliche Geschichten mit moralisch nützlichen Sequenzen, das machte die «Stunden der Andacht» zum Andachtsbuch des religiös liberalen Bürgertums. Der junge Feuerbach fand darin Trost und Halt bei den vielfältigen Spannungen im familiären Bereich.

Im Gymnasium war Feuerbach vor allem von seinem Religionslehrer Theodor Lehmus (1777–1837) beeinflußt, der nach rationalistischen Anfängen sich ganz der spekulativen Theologie eines Karl Daub und Hegel verpflichtet fühlte und der einer der einflußreichen Theologen in der Phase der religiösen Erweckung im bayerischen Luthertum dieser Jahre war.[12] Lehmus' Einfluß muß es auch gewesen sein, der das Schulkollegium des Gymnasium Carolinum in Ansbach dann bei der Zensurvergabe in der Abschlußklasse 1821/22 mit dem Schüler Ludwig Feuerbach zugleich auch den spekulativen Kollegen und Prediger ein wenig zu kritisieren versuchte, wenn es in diesem Abschlußzeugnis heißt: «Er [Ludwig Feuerbach] brachte einige Abhandlungen über neutestamentliche Sprüche und religiöse Gegenstände, welche es nötig machten, ihn vor dem groben Mystizismus zu warnen. Durch das fleißige Lesen der Bibel hat er es zu einer Fertig-

Das Gymnasium Carolinum in Ansbach

keit in der Bibelsprache gebracht und dürfte es darin mit vielen Gelehrten aufnehmen.»[13] Von der altklugen Fertigkeit zu erbaulicher Rede gaben schon die Briefe des Gymnasiasten an die Mutter ein eindrucksvolles Zeugnis. Aber das waren nicht bloß leere Phrasen. Der Religionsunterricht hatte Ludwig in die spekulative Rechtfertigung der Dogmen eingeführt und er dürfte darin als Siebzehnjähriger schon zu einer gewissen Perfektion gekommen sein. Später berichtet er in der Einleitung zum ersten Band seiner *Sämtliche Werke*, wie er den rationalistischen Schulkameraden die spekulativen Geheimnisse der Trinität und der wahren Gottessohnschaft *andemonstriert* habe:

21

Sind die rechtchristgläubigen und die denkchristgläubigen Theologen,
welche Dich heute als reifen Mann schulmeistern wollen, weiter als Du
als christgläubiger Gymnasiast warst? War Dir nicht damals die Bibel
die höchste Autorität, die Quelle der Wahrheit, das Wort Gottes?
Demonstriertest Du aber nicht zugleich, weil Dir doch schon unbewußt
auch die Vernunft eine Autorität war, den theanthropos, der Dir jetzt
nur noch ein Kind der Liebe übernatürlicher und übermenschlicher
Seligkeit ist, Deinen zweifelnden Schulkameraden als ein objektives
wirkliches Wesen? Bezogst Du nicht selbst schmählichen Andenkens
als ein scholastischer Theolog, d. h. als ein Theolog, der die Glaubens-
wahrheiten als Vernunftwahrheiten erkennen will, die Universität?
Glaubtest Du nicht einst, daß, wenn Du Deinen Glauben verlörest, Du
auch das Band, das Leib und Seele zusammenhält, den Grund und Halt
Deines Lebens verlieren würdest?[14] Im gleichen Jahr 1844 bekennt
Feuerbach rückblickend seinem Freund Ludwig Noack, dem Herausgeber der «Jahrbücher für spekulative Theologie», daß im Lebensal-
ter von fünfzehn oder sechzehn Jahren nicht Wissenschaft und nicht
Philosophie, wohl aber Religion sein bevorzugtes Interesse erweckte,
und zwar nicht durch Schule oder Konfirmandenunterricht oder Elternhaus beeinflußt, sondern, *rein aus mir selbst, aus Bedürfnis nach*
Etwas, das mir weder meine Umgebung, noch der Gymnasialunterricht
gab[15]. Aus Interesse am Alten Testament belegte er im Gymnasium
die Vorbereitungskurse im Hebräischen für künftige Theologiestu-
denten und nahm zusätzlich – was ganz ungewöhnlich war – auch noch
Privatstunden bei einem Rabbi.

Im Herbst 1822 hatte Feuerbach das Gymnasium absolviert, aber
er blieb noch bis zum Frühjahr 1823 in Ansbach im Haushalt der nun
wieder versöhnten Eltern. Er bereitet sich auf das Theologiestudium
– etwas anderes kommt für ihn nicht in Frage – durch Lektüre und
Exzerpte vor, liest Opitz, St. Bernhard und Augustinus. Besonders
ausführlich exzerpiert er Herders «Briefe das Studium der Theologie
betreffend». Feuerbachs Exzerptheft beginnt mit dem Zitat *Das beste*
Studium der Gottesgelehrsamkeit ist Studium der Bibel und das beste
Lesen des göttlichen Buches ist menschlich. Später schreibt er aus
Herders 12. Brief ab, *je menschlicher, d. i. menschen-inniger, vertrau-*
ter, natürlicher man sich also Werk und Wort Gottes denkt; je gewisser
kann man sein, daß man sich ursprünglich, edel und göttlich denke . . .
Alles Unnatürliche ist ungöttlich, das übernatürlich Göttlichste wird am
meisten natürlich; denn Gott bequemt sich dem, zu dem er spricht und
für den er handelt.[16] Diese Sätze haben den Neunzehnjährigen außerordentlich beeinflußt. Beziehen sie doch entschieden Stellung gegen
alles verstandesmäßige Argumentieren und räsonierende Erklären
vom Wunderhandeln und Geschichtsdenken Gottes. Die durch Her-
der polemisch ausgedrückte Ablehnung theologisch-sophistischer

Heidelberg: die Universität zur Zeit Feuerbachs

Spitzfindigkeiten war Ludwig schon von der Begegnung mit der spekulativen Religionsphilosophie her geläufig. So ist es nur konsequent, daß er Heidelberg als seinen ersten Studienort und den Dogmatiker Karl Daub als seinen ersten theologischen Lehrer sich wünschte.

Anselm Ritter von Feuerbach hatte gleich Anfang des Jahres 1823 seinem alten Freund, dem rationalistischen Theologen H. E. G. Paulus, den jungen Studenten angekündigt und hoffte, daß Ludwig unter dem Einfluß von Paulus vom Romantisch-Spekulativen sich lösen würde: «Nächsten Ostern kommt mein vierter Sohn, Ludwig nach Heidelberg, um daselbst Theologie zu studieren. Ich empfehle Ihnen denselben hiermit im Voraus angelegentlichst. Er ist ein sehr edler, allem Guten nachstrebender, mit gründlichen Vorkenntnissen ausgerüsteter Jüngling, der sich nicht des Brotes wegen, sondern aus leidenschaftlicher Liebe der Theologie ergibt.»[17] Die damalige Heidelberger Fakultät war in zwei unversöhnliche feindliche Lager gespalten, die theologie-geschichtlich und auch altersmäßig schon etwas angestaubte Gruppe der Rationalisten um Paulus – der dann sehr spät noch einmal zu Ruhm kam, als er und seine Tochter aus Rache an der «Romantik» die Berliner Vorlesungen des greisen Schelling in diffamierender Absicht unautorisiert veröffentlichte – und die Gruppe der teils romantischen, teils hegelianisch-spekulativen Theologen um Creuzer und Daub.

Karl Daub, fünf Jahre älter als Hegel und seit 1894 Professor der Theologie in Heidelberg, schritt selbst durch die theologischen Positionen hindurch, die er seit der Übernahme und Anwendung der spekulativen Methode in der protestantischen Theologie und Religionsphilosophie aufs schärfste anfeindete. In dem wohl anspruchsvollsten und tiefsinnigsten Werk der spekulativen Theologie, in seinem Buch «Die dogmatische Theologie jetziger Zeit oder die Selbstsucht in der Wissenschaft des Glaubens und seiner Artikel. Dem Andenken Hegels, seines verewigten Freundes in der Aussicht auf baldige Nachfolge freundlich gewidmet», 1833 in Heidelberg erschienen, wirft er dem Rationalismus wie dem Supranaturalismus vernünftelnde Selbstsüchtigkeit vor. Der rationalistisch-empirische Standpunkt, wie der gefühlsmäßig-mystische sind nur Stufen in der wahren spekulativen Überwindung des selbstsüchtigen und subjektivistischen Glaubens, wie sie jeder Mensch und auch die Theologiegeschichte durchleben. Die Kirche selbst setzt in Theologie und Philosophie, die keine Gegensätze sind, sondern denselben Gegenstand und dieselbe Methode haben, den Zweifel aus sich heraus, in der Absicht, im denkenden Begreifen sich der göttlichen Autorität und ihrer Wahrheiten zu versichern. Der Zweifel ist nur ein Moment des Glaubens; er ist ein notwendiges Moment im Glauben, weil nur so die Wahrheit der Kirche und die Allmacht Gottes sich in der Zerschlagung des subjektiven Räsonierens und des subjektiven Beliebens erweisen.[18] Alle christlichen Dogmen und neutestamentlichen Wunder lassen sich spekulativ rechtfertigen. David Fr. Strauß nennt später, bei aller Kritik an Daub, seine «Theologie jetziger Zeit» die «Prolegomena zu einer jeden künftigen Dogmatik, die als Wissenschaft wird auftreten wollen»[19] und der Hegelianer Karl Rosenkranz beschreibt sie als die «Dantesche Hölle, mit den Dogmatiken, Kommentaren und theologischen Zeitschriften der letzten 60 Jahre geheizt», deren Gericht aber, wegen der schwierigen dialektischen Gedankengänge «weil weder den Gerichteten noch den Gerichtsdienern verständlich, bis jetzt so viel wie wirkungslos geblieben ist».[20]

Bei Daub hört Feuerbach den «Speziellen Teil der theologischen Moral» und ein «Collegium über den Ursprung des Bösen»[21], bei Paulus «Exegese der Apostelgeschichte und Apokalypse». Dem Va-

24

Karl Daub, Professor der Theologie in Heidelberg

ter schreibt der junge Student gleich nach Ende des ersten Semesters entschieden zwischen den zwei theologischen Lagern Position beziehend: *Lieber Vater! Da ich Dir in meinem letzten Briefe nichts von meinen Collegien geschrieben habe, so geschehe es diesmal. Gleich das Erste, was ich Dir sage, wird Dich befremden, nämlich das, daß ich bei Paulus nichts mehr höre. Wenn ich ihm auch nur eine gehaltvolle und gediegene Seite abgewinnen könnte, so würde ich gerne alles Andere übersehen, und Fleiß und Aufmerksamkeit verwenden auf seine Vorlesungen, hätten sie auch noch so viel Abgeschmacktes und Absurdes in sich; aber durchaus nicht kann ich ihm auch nur eine Seite abgewinnen, die ihn würdig machte, gehört zu werden von Jedem, der noch ein Auge, das sieht, ein Herz, das fühlt, und einen Kopf, der denkt, und noch einen Sinn hat, welcher nur das Wahre will und sucht, nur in dem Elemente des Wahren seine Existenz hat und sich nicht von Lug und Trug bei der Nase herumführen läßt . . . die Nichtigkeit eines blinden,*

engherzigen, begriffslosen Orthodoxismus habe ich schon längst einge-
sehen durch den herrlichen, geistreichen Daub, bei dem ich in diesem
Semester seine herrliche Dogmatik, die er wöchentlich in 12 Stunden
liest, höre, das einzige theologische Collegium, das ich jetzt besuche. Ich
kann es bloß der trivialsten Seichtigkeit und Gedankenleerheit, ja der
beschränktesten Borniertheit zuschreiben, wenn man Daub einen My-
stiker nennt, ihn, der alle Philosophen mit der größten Gründlichkeit
und dem unermüdlichsten Fleiße studiert, nicht bloß gelesen und aus-
wendig gelernt, sondern ihn sich selbst gleichsam reproduziert hat und
der selbst der spekulativste, denkendste Kopf von der Welt ist, der nicht
grund- und bodenlos in den Tag hineinschwätzt, sondern Alles aufs
tiefste und streng wissenschaftlich begründet, Alles in seiner inneren
gesetzmäßigen Notwendigkeit aufs bestimmteste und schärfste nach-
weist, Alles aus sich selbst heraus in dem klaren Sonnenscheine der
Vernunft entwickeln läßt, so daß es in seinem ganzen Umfange klar vor
Augen liegt, der nur in dem lichten Reiche des lebendigen Begriffs und
Bewußtseins lebt und webt, dem bis in den Tod verhaßt ist das dunkle
Vorstellungswesen und die unbestimmte Gefühlsspekulation des My-
stikers, der z. B. bei der Einleitung in seine Dogmatik bei der sich
notwendig ergebenden Frage nach der Möglichkeit der Erkenntnisse
Gottes die ganze kritische Philosophie mit all ihren furchtbaren Kata-
pultengeschützen gegen sich anrücken läßt, aufs kräftigste angreift und
aufs unwiderleglichste widerlegt. Ein Mystiker hebt doch wahrlich
nicht so leicht einen Kant aus dem Sattel heraus mit den schwachen
dummen Bohnenstangen seiner Gefühle, die abbrechen, sobald sie nur
an einem etwas festen Grund stoßen.[22] Es entsprach ganz dem Selbstverständnis der spekulativen Theologie – und Hegel selbst hat das in
seinen damals allerdings noch nicht im Druck vorliegenden «Vorlesungen über Religionsphilosophie» ausführlich entwickelt –, daß die
spekulative Aufhebung der christlichen Dogmen zugleich ihre Be-
kräftigung, Vertiefung und wahrhafte Aneignung sei und daß die
spekulative Theologie allen drei konkurrierenden Richtungen – Orthodoxie, Rationalismus und Pietismus – an Treue zur Überlieferung
überlegen sei. Die aus der Jugend- und Pubertätszeit überkommene
konfessionslose, aber erweckte Frömmigkeit war schon durch den
Religionsunterricht in Ansbach von der Vernunft her stabilisiert worden und zugleich mit dem intellektuellen Vergnügen an der elasti-
schen Leistungsfähigkeit vernünftig-spekulativ argumentierender
und prozessierender Dialektik verknüpft worden. Die das cartesianische «cogito ergo sum» als selbstisch und nur bedingt berechtigt und
daher dialektisch aufzuhebend beschreibende spekulative Methode
dürfte über die tiefere Begründung der naiv-natürlichen und kindlich-
frommen Glaubensposition hinaus aber zugleich dem jungen Studenten auch intellektuellen Spaß an dem Prozeß der spekulativen Dialek-

tik gemacht haben. Vor allem die ihm vom Vater her geläufige Einsicht in die Notwendigkeit der Vermittlung von objektivem Gesetz und individuellem Ziel und subjektiver Wertsetzung und die schon im zerrissenen Elternhaus stark empfundene Verantwortung nach Vermittlung von Widerstrebendem und Auseinanderlautendem fand in der spekulativen Methode eine soft-ware vor, ein know how, das sich auch über den engeren Problemkreis der Rechtfertigung neutestamentlicher Wunder und christlicher Dogmen anwenden lassen konnte. So reifte in Feuerbach wohl schon im Winter 1823/24 der Entschluß heran, von der Theologie in die Philosophie umzusteigen. An den Vater richtet er im Januar 1824 die beschwörende Bitte, ihm zu gestatten, im nächsten Semester nach Berlin gehen zu dürfen, *wo fast jede einzelne Disziplin von ausgezeichneten und berühmten Männern gehandhabt wird und die Theologie tüchtige Werkzeuge zu ihrer Verwirklichung in allen ihren Teilen und Zweigen hat; dort, wo ich das lebendige Wort des Geistes nicht allein vom Katheder, sondern auch*

Die Berliner Universität

*von der Kanzel herab vernehmen kann, die ein Schleiermacher, aner-
kannt der größte geistliche Redner seiner Zeit, dort besteigt.* Auch die
Namen Neander, Marheineke werden in dem von vielfältigen rhetori-
schen Überredungsfeuerwerken und Begründungsargumenten wim-
melnden Brief an den Vater erwähnt; der Name Hegel fällt nicht. Nur
fast beiläufig heißt es zum Schluß des Briefes, daß er abgesehen von
der Theologie auch *in das Studium der Philosophie eingeweiht zu
werden wünsche, so ist es ja auch von der Regierung vorgeschrieben,
philosophische Collegien zu besuchen, und wenn es einmal sein muß,
so ist es gewiß besser wahre, nicht bloß sogenannte philosophische
Collegien zu besuchen, damit man doch nicht an einem leeren Namen
ohne Inhalt seine Zeit verschwendet.*[23] Schon der erste Brief aus Berlin
berichtet dann jedoch nur noch von Hegels Vorlesungen über Logik
und Metaphysik und Religionsphilosophie im Sommersemester 1824.
*Vieles, was mir bei Daub noch dunkel und unverständlich war, oder
nur zufällig hingeworfen und isoliert für sich erschien, habe ich jetzt
allein schon durch die wenigen Vorlesungen Hegel's durchschaut, und
wie ich wenigstens glaube, in seiner Notwendigkeit und seinem inneren
Zusammenhange erkannt, den Samen, den Daub in mir legte, vor
meinen Augen merklich sich entwickeln gesehen.*[24] Ganz nebenbei
erwähnt Ludwig, daß er die Lehrveranstaltungen von Marheineke
und Schleiermacher nicht besucht, ja er versäumt auch überhaupt,
sich für andere belegte Veranstaltungen die Abtestate zu holen, so
daß für das Theologiestudium wenig an Zeugnissen in diesem ersten
Berliner Semester zusammenkommt. Im Sommersemester 1825
wechselt Feuerbach dann ganz in die philosophische Fakultät hinüber, trotz aller Vorhaltungen des Vaters. *Palästina ist mir zu eng; ich
muß, ich muß in die weite Welt, und diese trägt bloß der Philosoph auf
seinen Schultern. Von Morgen nach Abend zieht die Geschichte des
Menschengeschlechts; aus dem jugendlichen schönen Reiz des Mor-
genlandes trete ich zurück in mich, in den tiefen Ernst, in die gereifte
männliche Besonnenheit germanischer Philosophie . . . Mich wieder in
die Theologie zurückweisen, hieße einen unsterblich gewordenen Geist
in die einmal abgelegte sterbliche Hülle wieder zurückwerfen; denn die
Philosophie reicht mir die goldenen Äpfel der Unsterblichkeit und
gewährt mir den Genuß ewiger Seligkeit, Gegenwart, Gleichheit mit
mir selbst. Ich will reich, unendlich reich werden, und sie ist eine
unerschöpfliche Fundgrube; glücklich und zufrieden in mir – wo kann
das anders sein, als dort, wo das Kinder- und Weibergeplärre, Ächzen
und Krächzen des gemeinen Lebens und Treibens schweigt! Ich bin wie
eine hab- und herrschsüchtige Seele, die Alles, aber nicht als empiri-
sches Aggregat, sondern als systematische Totalität an sich reißen und
verzehren will; unbegrenzt, unbedingt ist mein Verlangen: ich will die
Natur an mein Herz drücken, vor deren Tiefe der feige Theolog zurück-*

Hegel bei der Vorlesung. Lithographie von F. Kugler

bebt, deren Sinn der Physiker mißdeutet, deren Erlösung allein der Philosoph vollendet. Den Menschen, aber den ganzen Menschen; nicht ihn, wie der Arzt auf dem Krankenlager oder in der Anatomie; wie der Jurist im Staate oder im Zuchthause, der Cameralist als Bäcker oder Bierbrauer. Mit den alles durchdringenden und durchlaufenden Wurzelfasern der Gedanken will ich reichen und mich ausdehnen bis an die Enden der Welt; Gott und sie, dieses schöne Geschwisterpaar, aus ihren vergrabenen Grundfesten und nächtlich verborgenen Sitzen emporgehoben, um das Sonnenrad der Philosophie kreisen und freudig entfalten sehen zu einem blüte- und früchtevollen Baume des Lebens![25]

Was Feuerbach an Hegel faszinierte war die unglaubliche Realitätsnähe der spekulativen Methode, die ganz und gar unsophistische und bildreiche Sprache. Feuerbach lobt vor allem Hegels Kathedervortrag, dessen Anschaulichkeit und Klarheit die des geschriebenen Wortes, auch des geschriebenen Hegel-Wortes, übertraf. Jetzt ist es nicht mehr die den Rationalisten überlegene Tiefe im Verständnis der christlichen Dogmen, die der Orthodoxie überlegene geistliche Beweglichkeit in der Aneignung und das der Gefühlstheologie sich

29

überlegen wissende Wissen des Glaubens, was Hegel Feuerbach vermittelt. Es ist die ganze und große Weite der Weltphilosophie, die hier im Berliner Hörsaal vorgetragen wird und die den engen methodischen und inhaltlichen Rahmen des Theologiestudiums gewaltig aufsprengt. Hatte Daub dem angehenden Theologen die Tiefe und spekulative Weisheit der christlichen Dogmatik und ihrer Geheimnisse geöffnet, so führt Hegel den angehenden Philosophen aus dem engen Diskussionshorizont der spekulativen Theologie zwar nicht in eine andere Welt, aber in einen weiteren Raum der Erfahrung von Mensch, Welt und Gott. Die weltläufige Urbanität der Hegelschen Realistik, welche Offiziere und Ministerialräte zu seinen Füßen sitzen ließ, mag auch den jungen Philosophen fasziniert haben, der im Begriff gewesen war, sich in die spekulative Requisitenkammer christlicher Dogmengeschichte zu vergraben.

Was den Einfluß Hegels auf Feuerbach speziell in der Religionsphilosophie betrifft, so wissen wir, daß Feuerbach bei Hegel die ausführliche Explikation der griechischen Religion hörte. Nicht die spekulative Begründung von Trinität, Auferstehung und Christi Wundertätigkeit war hier Gegenstand des philosophischen Collegs, sondern die Projektion von menschlichen Fehlern und Leistungen in göttlichen Gestalten. Das Schicksal der griechischen Götterwelt wird von Hegel spekulativ als notwendig vorprogrammiert beschrieben: «Auflösung der Götter durch ihren Anthropomorphismus». Hegel erläutert seine Kritik der griechischen Theologie in der Auseinandersetzung mit Schillers These über die Götter Griechenlands: «Nach dieser Seite betrachtet, ist das Schillersche berühmte Wort:

> Da die Götter menschlicher waren,
> Waren die Menschen göttlicher

durchweg falsch. Als wichtiger müssen wir deshalb die spätere Änderung des Schlusses herausheben, in der es von den griechischen Göttern heißt:

> Aus der Zeitflut weggerissen, schweben
> Sie gerettet auf des Pindus Höhn;
> Was unsterblich im Gesang soll leben,
> Muß im Leben untergehn.

Damit ist ganz das bestätigt, was wir schon oben ausgeführt haben: die griechischen Götter hätten ihren Sitz nur in der Vorstellung und Phantasie, sie könnten weder in der Wirklichkeit des Lebens ihren Platz behaupten noch dem endlichen Geist seine letzliche Befriedigung geben.»[26] Die Projektionsthese, von Hegel benutzt, zur Darlegung der spekulativen Notwendigkeit und Aufhebung des griechischen anthropomorphen Götterhimmels im Rahmen des Beitrags der klassischen griechischen Kunst zur Ausbildung der individuellen kulturellen und moralischen Persönlichkeit, stand für Hegel selbst im diametralen Gegensatz zur spekulativen Rechtfertigung der Notwendigkeit und Wahrheit der christlichen Dogmatik. Doch war es eine der Optionen, die nach Hegels Tod von seinen Schülern in der zerfallenen Schule methodisch möglich war: die Generalisierung der Projektionsthese in Anwendung auf alle, auch die christlichen religiösen Phänomene. Andere Schüler rissen andere Stücke aus dem von Hegel so kunstvoll und mit so viel Urbanität zusammengebastelten System der Emanzipierung seiner Leser und Hörer heraus und beriefen sich dabei auf Hegel. Feuerbach zieht diese einseitige Konsequenz der Projektionsthese jetzt nicht aus Hegel. Erst später, 1841, im *Wesen des Christentums* vertritt er die These, daß die christliche Religion Menschenwerk sei und Ergebnis von Projektionen. Aber er entwickelt diese These nicht in Berufung auf Hegels Analyse der griechischen Religion, sondern in Konfrontation zu Hegel und zur spekulativen Philosophie, in welcher die christliche Religion ihre letzte Zuflucht gefunden habe.

Feuerbach verläßt Berlin im Jahre 1826 und bezieht ein Jahr später die Universität Erlangen. Der Tod des bayerischen Königs Maximilian, der das Ende der Studienstipendien für Ritter von Feuerbachs Söhne bedeutete, aber auch die Notwendigkeit, an einer Landesuniversität das Studium zu beenden, waren der Grund dafür. Im Immatrikulationsbuch der Erlanger Universität findet sich unter dem Datum vom 31. Mai 1827 die Eintragung: *Ich, Endunterzeichneter, gebe hiermit die Versicherung, daß ich weder zur Zeit in einer geheimen Verbindung, welchen Namen sie auch haben mag, mich befinde, noch in der Folge dazu treten werde. Andreas Ludwig Feuerbach.*[27] Jeder

Erklärung des Studenten Feuerbach
bei seiner Immatrikulation an der Universität Erlangen, 15. Mai 1827

Student an einer bayerischen Universität hatte diese vorgeschriebene Formel zu bestätigen. Mit der geheimen Verbindung war die burschenschaftliche Jugendbewegung gemeint, die von der konservativ-restaurativen Entwicklung in den Jahren nach dem Wiener Kongreß enttäuscht war und rebellierte, nach der Ermordung Kotzebues durch den Fries-Schüler und Jenaer Burschenschaftler Karl Ludwig Sand verboten und damit in den Untergrund gedrängt wurde. In Berlin hatte Feuerbach verschiedene Verhöre über sich ergehen lassen müssen, deren Protokolle uns überliefert sind.[28] Feuerbach war aber sicherlich kein Mitglied einer Burschenschaft. Auf seiner ersten größeren Reise jedoch mit seinen Brüdern, gerade fünf Monate nach der Hinrichtung Sands, besuchte er in Mannheim *die Stelle, wo der brave Sand begraben liegt, welche aber ganz eben ist und nur mit Gras bewachsen*[29].

Von Hegel hatte Feuerbach sich mit der Bemerkung verabschiedet, er gehe nun nach Erlangen und werde – Anatomie studieren. Das war tatsächlich seine Absicht. Bei Hegel hatte er mit Ausnahme der Ästhetik die wichtigsten Teile des Philosophischen Systems gehört, die Logik sogar zweimal. Die M e t h o d e hatte er sich angeeignet. Jetzt drängte es ihn in die Empirie, in die Begegnung mit den I n h a l t e n. Er arbeitet ein Jahr im elterlichen Haus an der Fertigstellung seiner philosophischen Dissertation und belegt im Sommer 1827 in Erlangen tatsächlich Botanik, Anatomie und Physiologie. In den später redigiert veröffentlichten autobiographischen Fragmenten lesen wir unter dem Jahr 1827/28 einen Eintrag, der mit *Zweifel*

Die Universität Erlangen. Stich von Wagner
nach einer Zeichnung von Perlberg

überschrieben ist: *Wie verhält sich das Denken zum Sein, wie die Logik zur Natur? Ist der Übergang von jener zu dieser begründet? Wie verhält sich nun die Philosophie zur Religion? Hegel dringt sehr auf die Übereinstimmung der Philosophie mit der Religion, namentlich mit den Lehren der christlichen, gleichwohl faßt er die Religion nur als eine Stufe des Geistes.*[30] Die Antwort auf diese Zweifel gibt zunächst seine Dissertation; sie gibt sie vorläufig und ihr Titel enthält zugleich ihre These: *De infinitate, unitate atque communitate rationis* – Die Unendlichkeit, Einheit und Allgemeinheit der Vernunft.

Der Titel erinnert zugleich an den Titel der Schrift von Giordano Bruno «Della causa, principio e uno» (1584). Mehrmals wird Bruno anerkennend zitiert. Wie Bruno von der göttlichen Weltseele als der Einheit und Ursache aller Dinge, auch der Natur, und den Wandlungen und Gegensätzen der Einzelheiten im Ganzen des Universums spricht, so sieht Feuerbach in der R a t i o, der V e r n u n f t, die Einheit, Unendlichkeit und Universalität alles Seins. Feuerbach argumentiert im Rahmen der von Hegel vorgegebenen Problematik des Verhältnisses von Einzelnem und Allgemeinem. Er setzt Denken und Sinnlichkeit als Gegensätze. *Indem ich denke, bin ich nicht mehr Individuum; Denken und Allgemeinheit ist dasselbe . . . die Empfindung, die ich habe, ist ohne Zusammenhang mit dem Denken; sie ist an sich selbst nur meine und in mich eingeschlossen. – Ohne Zweifel drückt die Sprache immer ein Allgemeines aus, die Sinnesempfindung aber gibt nur Einzelnes. Zwar kann ich dem andern sagen: Mein Kopf tut mir weh, dies oder jenes schmeckt süß usw.; aber dieser Geschmack, den*

Ich jetzt empfinde, ist als solcher nicht sagbar, oder der andere müßte zusammen mit meinen Worten auch die Geschmacksempfindung selbst aufnehmen. Dies gilt ausnahmslos für alle reinen Sinnesempfindungen.[31] Im Denken ist der Mensch also erst wahrhaft Mensch. *Im Denken durchbricht er die Schranken und Mauern seiner Individualität. Wir Menschen sind sonst, verhüllt sozusagen durch unsere individuellen Eigenschaften, für einander undurchdringlich wie feste Körper; in der Mitteilung der Gedanken aber lassen wir, wie durchsichtige Körper das Licht, die Gedanken des andern unverändert und unverdunkelt durch, und es ist nichts zwischen dir und mir, das im Wege steht und dein Übergehen in mich vermindern könnte.*[32] Feuerbach weist anschaulich auf unsere Sprache hin, die bei Sinnesempfindungen vom Mit-leid, Mit-gefühl spricht, der es aber nicht einfallen würde, ein

Giordano Bruno. Zeitgenössischer Stich

Wort wie Mit-gedanke zu bilden; im Denken sind wir nicht bloß mit dem anderen, im Denken sind wir der andere! *Das Denken steht durch alle Menschen hindurch in Zusammenhang mit sich, und obwohl es sich verteilt auf die je Einzelnen, ist es dennoch ein Kontinuum, ohne Ende, einheitlich, sich selbst gleich, von sich untrennbar. In einem einzigen Denkvorgang schon sind alle Menschen, ungeachtet der Größe ihrer Gegensätze, einander gleich; denkend bin ich verbunden, ja in Einheit mit allen – ich bin alle Menschen (ipse ego omnes sum homines).*[33] Die Frage nach dem Verhältnis von Einzelnem und Allgemeinem war für Feuerbach schon angesichts der Spannungen im Elternhaus keine bloß akademische Frage; jetzt ist es für ihn nicht bloß ein Problem für Philosophieprofessoren. Die Frage umfaßt auch das Problem des Verhältnisses der einzelnen getrennten Dinge zueinander und damit unter anderem auch die Frage nach dem Verhältnis von Mensch und Mitmensch. *Der Mensch, geleitet von einem dunklen Gefühl, daß der natürliche Zustand der Trennung vom andern nicht der wahrhafte sei, hat den heftigen Trieb, sich mit ihm zu vereinen; aber alle diese Weisen der Vereinigung, zu denen Liebe, Freundschaft usw. gehören, sind besondere, sind unvollkommen und endlich, da sich in ihnen der Unterschied nicht völlig aufhebt. Das läßt sich sogar an der Liebe bestätigen, die selbst in Gegenwart und Besitz des geliebten Wesens immer in gewisser Weise ein Verlangen bleibt, nämlich als ein Gefühl des Unterschieds und einer gewissen Abgrenzung. Es muß notwendig im tiefsten Innern des Menschen ein Ort sein, an dem dieses Verlangen nach dem andern erfüllt ist, an dem nicht weiter Ich und Du entgegengesetzt sind, an dem diese Einheit nicht mehr nur Verbindung und irgendeine bestimmte Weise der Einheit ist, sondern unendlich, absolut, ganz erfüllt und vollkommen; diese göttliche Einheit aber ist außer im Denken nirgends zu finden.*[34] Bei den Tieren ist die Einheit der Individuen nicht gegeben, argumentiert Feuerbach, weil jedes Tier in sich die Gattung repräsentiert und die Gattung sowie die Individualität des Tieres auch außerhalb des Tieres nirgends vorkommen. Weil *das Denken* als *das absolute Wesen des Menschen* auch den Begriff der Individualität kennen muß, ist *das Wesen des Individuellen . . . getrennt von den Individuen, sofern diese als Individuen einander ausschließen. Denn sonderte sich dieses Wesen nicht ab von den Individuen als je einzelnen und sich ausschließenden, wäre es mit jedem von ihnen einzeln in Einheit, es gäbe so viele Wesenheiten des Individuellen, wie es Individuen gibt, und das Individuum selbst wäre seine eigene Wesenheit und Substanz.*[35] In der Ratio also bloß, in der Vernunft, welche in der Sprache sinnliche Form wird und welche in der Schrift die Flüchtigkeit des Lautes überdauert, ist der Mensch Mensch und Mitmensch zugleich.

Zweifelhaft ist nicht, ob ich überhaupt existiere; überflüssig ist also die cartesianische Argumentation des cogito ergo sum. Aber zweifelhaft ist, was das Allgemeine und was das Besondere ist. Wie beides miteinander und wie das Einzelne mit dem von ihm getrennten anderen Einzelnen zusammenhängt. Deshalb setzt Feuerbach gegen das cogito ergo sum die vom methodischen Zweifel herausgearbeitete und ihn überwindende These: *Cogito ergo omnes sum homines* – Ich denke, also bin ich alle Menschen. Dieser Satz ist nicht nur das Herzstück der Antwort auf die Frage nach dem Verhältnis vom Allgemeinen und Besonderen. Er ist die Antwort auf die Frage nach der Einheit, Unendlichkeit und Universalität der Vernunft. Dieser Satz hat neben seiner erkenntnistheoretischen und ontologischen Bedeutung auch eine anthropologische und ethische. *Dieser Satz kann auch als oberster Lehrsatz und absolutes Prinzip der Morallehre genommen werden. Denn darum, weil ich im Denken nicht unterschieden und getrennt vom andern bin, muß ich auch im Handeln darauf ausgehen, nicht vom andern getrennt zu sein, um diese ewige und ansichseiende Einheit – die nicht durch mein Tun und Bewußtsein bewirkt wird – auch in mir selbst, der ich den andern ausschließender einzelner Mensch bin, zur Erscheinung, Ausdruck und Verwirklichung zu bringen. Im Handeln muß ich mich selbst gewissermaßen nachahmen, um mir als Denkendem zu entsprechen. Das Denken soll Urbild (Archetyp) alles Deines Handelns sein. Dem Wesen, also dem Denken nach bist Du nicht unterschieden vom andern, darum sollst Du auch im Handeln, in Deinem Leben, in Deinem Sein als einzelner Mensch das sein, was Du wirklich, was Du gemäß Deinem wahren Wesen bist.*[36] Die These von der auch das ethische und politische mitmenschliche Verhalten umgreifenden, begründenden und leitenden Vernunft als einer alle Menschen gleichermaßen zu Mitmenschen machenden einigenden Kraft, ist im Zusammenhang der Thematik der Dissertation gleichsam nur ein Nebenergebnis, das auch nicht weiter ausgeführt wird. Es ist aber unverkennbar, wie die Frage nach dem existentiellen und alltäglichen Verhältnis von Ich und Du – vom Menschen und seinem Mitmenschen – das Engagement Feuerbachs an seiner These von der Einheit, Universalität und Unendlichkeit der Vernunft, welche die Schranken der Subjektivität und ihrer Egoismen zerbricht, mitträgt. Das wird besonders deutlich in der kompromißlosen Polemik gegen den christlichen Glauben an die individuelle Unsterblichkeit. Feuerbach interpretiert den christlichen Glauben an das ewige Leben des Individuums als Folge und Höhepunkt der Vergötzung des Individuums als egoistischen Einzelwesens. Die Konfrontation der spekulativen Theologie mit den anderen theologischen Schulen – Daubs Vorwürfe der Autolatrie und Selbstsucht, Hegels Kritik an den Subjektivismen und Egoismen von Orthodoxie, Rationalismus und Pietismus –, hier findet diese Polemik ihren philosophischen Ausdruck im Plädoyer für die die Vereinzelung des Ich überwindende Vernunft. Das Wesen des Menschen als eines Individuums liegt nicht in ihm; es ist außer ihm, auch wenn es als vernünftiges Wesen Teil an ihm hat. Für diese These führt Feuerbach außer Zitaten von Giordano Bruno auch solche von Spinoza, Hegel, Platon, aber auch Averroes und Aristoteles an. Er zitiert Angelus Silesius: *Es liegt alles im Menschen; der Mensch ist alle Ding*.[37] Neben der Ratio kann es keine Natur geben, die nicht Teil der Unendlichkeit, Einheit und Universalität der Ratio wäre. So stellt sich die Dissertation ganz in den großen Strom mystisch-holistischen Denkens und im besonderen in die durch die spekulative Methode beschriebene Problematik der Zuordnung des Einzelnen zum Allgemeinen. Der Gedankengang Feuerbachs ist aber kein spekulativ-dialektischer[38], eher argumentiert er phänomenologisch. Unterscheidet Feuerbach sich in Gedankenführung und Stil wohltuend von der im Gefolge Hegels gängigen Hegelei, so ist doch seine Problematik ganz und gar eine Hegelsche. Feuerbachs Lösungsversuch ist, eine der möglichen Konsequenzen über den Meister hinauszugehen: die Option für den Panlogismus.[39] Zwar konnte auch Hegel formulieren: «Die Notwendigkeit des Todes besteht nicht in einzelnen Ursachen. Dieser [der Tod] ist die Notwendigkeit des Übergangs der Individualität in die Allgemeinheit», und: «Das Denken, als dies für sich selbst seiende Allgemeine ist das Unsterbliche.»[40] Was das konkret in bezug zum Beispiel auf die christliche Lehre von der Auferstehung heiße, darüber schwieg Hegel sich beharrlich aus. Seiner Frau gegenüber deutete er bei solchen Fragen stumm mit dem Finger auf die im Regal stehende Bibel. So wendet sich Feuerbach in seiner Kritik an der Auferstehungslehre und am Theismus nicht gegen Hegels Religionsphilosophie, er baut vielmehr auf Hegels Philosophie insgesamt auf und läßt die spezielle Ausgestaltung der Religionsphilosophie der christlichen Religion bei Hegel auf sich beruhen. In einem Brief an Hegel, mit dem er diesem seine Dissertation überreicht, nimmt Feuerbach jedoch kein Blatt vor den Mund und unterzieht mit der christlichen Religion auch Hegels spekulative Rechtfertigung derselben einer scharfen Kritik: *Das Christentum ist die Religion des reinen Selbsts. Welche Bedeutung hat z. B. die Natur in dieser Religion? Ja unbegriffen, geheimnisvoll, unaufgenommen in die Einheit des göttlichen Wesens liegt sie da, so daß nur die Person (nicht die Natur, die Welt, der Geist) ihre Erlösung feiert*. Und er wendet jetzt die in Hegels Kolleg aufgenommene Interpretation der griechischen Religion als Schein und Widerspiegelung der kulturellen Gegenwart auf die christliche Religion an: *Überhaupt war bisher immer jede Religion nichts anderes als die unmittelbare Gegenwart, der Schein und die Erscheinung des allgemeinen Geistes einer in dem Unterschiede der Systeme sich als Eines sich zusammenhaltenden*

Philosophie, z. B. der griechischen; das Christentum die in der Form fixer Endlichkeit sich ausbreitenden Erscheinung der nachgriechischen Philosophie.[41]

Im Winter 1841/42, als Feuerbach an der 2. Auflage zum *Wesen des Christentums* arbeitet, war nicht Hegel, sondern Giordano Bruno sein lorbeerumkränzter Heros. An seinen Freund Christian Kapp in Heidelberg schreibt er: *In meiner neuen, stillen, dunklen, weil einäugigen Studierstube habe ich nur eine Augenweide – das Bild Brunos umwunden von einem der Eichenlaubkränze, die Eure Frauenzimmer mir in Neckarsteinach geflochten.*[42]

Gedanken

über

Tod und Unsterblichkeit

aus den

Papieren eines Denkers,

nebst

einem Anhang

theologisch-satyrischer Xenien,

herausgegeben

von

einem seiner Freunde.

Nürnberg, 1830.
Bei Johann Adam Stein.

«Gedanken über Tod und Unsterblichkeit» (1830)

Demütige Bitte an das hochweise und hochverehrliche Gelehrtenpublikum, den Tod in die Akademie der Wissenschaften zu rezipieren, so beginnt mit einem aufschreckenden Paukenschlag die 1830 anonym in Nürnberg erschienene Schrift *Gedanken über Tod und Unsterblichkeit.* Der Tod, als *der beste Arzt auf Erden, heilt vom Grund aus die Natur. Zwar hat er nie sich abgegeben mit christlicher Theologie, doch wird es keinen zweiten geben, der so versteht die Philosophie.*[43] Schnell sprach sich herum, daß der junge Privatdozent in Erlangen, Sohn des Staatsrates und Appellationsgerichtspräsidenten von Feuerbach, der Verfasser war. Der Vater prophezeite Feuerbach, daß diese außerordentliche Provokation ihm zeitlebens eine ordentliche Beamtenposition verschließen würde. In leidenschaftlich mitreißendem Stil werden drei den etablierten Kultur- und Weltanschauungsbetrieb gleichermaßen schockierende Thesen entwickelt: Die Entstehung des christlichen Unsterblichkeitsglaubens als eines Prozesses von zunehmendem praktischen und theoretischen Egoismus; die Begründung des Pantheismus als der einzig wahrhaften menschlichen Haltung zu der uns Menschen umgebenden Welt; die Aufforderung, im Hier und Jetzt dieses irdischen Lebens (weil es ja kein anderes Leben gibt) im Endlichen das Unendliche zu entdecken, im Einfachen die Vielheit, in der Liebe die Universalität und Wahrheit aller Beziehungen des Menschen zu seinen Mitmenschen und zu seiner Umwelt.

Griechen und Römer kannten keinen Glauben an die Auferstehung des gestorbenen Individuums. Ihr Menschenideal war ein diesseitiges; als diesseitiges wurde es erstrebt und war auch erreichbar. Die Entstehung des modernen Unsterblichkeitsglaubens *beruht auf der Trennung von Möglichkeit und Wirklichkeit* im Christentum. Was im Mittelalter noch verborgen war, weil der Einzelne in die große Korporation der Kirche sich eingebettet wußte, das entlarvt sich in seiner ganzen subjektivistischen Egozentrizität im dritten Zeitalter, in dem der Moderne. *Das Charakteristische des modernen Zeitalters überhaupt ist, daß in ihm der Mensch als Mensch, die Person als Person, und damit das einzelne menschliche Individuum für sich selber und seine Individualität für göttlich und unendlich erkannt wurde.* Im

Protestantismus zeigte sich diese Selbstvergötzung der Subjektivität am ehesten und am deutlichsten. Im weiteren Verlauf dieser egozentrischen Perversion des Weltverhaltens und der Sozialbeziehungen erscheint dann der christliche Protestantismus als bloße Vorstufe einer Entwicklung, wo dann nicht mehr *die Person Christi, sondern die Person als Person Mittelpunkt der Individuen wurde. Der protestantische Evangelismus wurde so zum Rationalismus und Moralismus. Den Pietismus muß man als den Übergangspunkt zu den letzteren Formen erkennen. Der Rationalismus und Moralismus sind aber gerade die Formen des Geistes, wo der Gegenstand des Subjekts allein das Subjekt selbst, die Person allein Alles, das Wesentliche und Unendliche ist, und der Pietismus führte so zum Rationalismus.*[44] Der Rationalismus und subjektivistische Moralismus aber, krank an sich selbst und selbstverschuldet von den Freuden der Welt und überhaupt jedem natürlichen Realitätsbezug weit entfernt, schafft sich als Ausweg aus diesem selbstproduzierten Jammertal als Illusion ein Jenseits, eine barmherzige Welt der Träume. Dieser aus krankhaftem Weltverhalten entstandenen religiösen Projektion entspringt der Glaube an ein «Jenseits», der Glaube an Vollkommenheiten, Freuden und Genüsse, die im «Diesseits» als nicht erreichbar beschrieben werden. *Indem nun so alles wahrhaft Wirkliche, Allgemeine, Wesenhafte, aller Geist, Seele und Essenz aus dem wirklichen Leben, der Natur und Weltgeschichte verschwunden ist, Alles massakriert, in seine Teile aufgelöst, zertrennt, sein-, einheits-, geist-, seelenlos gemacht ist, so pflanzt nun das Individuum auf den Trümmern der zerstörten Welt die Fahne des Propheten auf, das heilige Schandsacscherif des Glaubens an seine Unsterblichkeit und das gelobte Jenseits. Auf den Ruinen des gegenwärtigen Lebens, in dem es Nichts sieht, erwacht ihm zugleich das Gefühl und Bewußtsein seines eignen, innerlichen Nichts und in dem Gefühl dieses zweifachen Nichts entquillt ihm, gleich einem Scipio auf den Trümmern von Carthago, die barmherzige Tränenperle und Seifenblase der zukünftigen Welt; über die Kluft, die zwischen dem gegenwärtigen Leben, wie es in Wahrheit ist, und seiner Anschauung und Vorstellung von ihm liegt, über die Poren und die Leere seiner Seele baut es die Eselsbrücke der Zukunft.*[45]

So stürzt der moderne Mensch, der zum Egoisten wurde, sich nicht nur in selbstverschuldete Unmündigkeiten und wird psychisch krank, er verfehlt mit dem Genuß seiner eigenen Natürlichkeit auch die angemessene Erkenntnis Gottes, seiner Größe, Erhabenheit und Unendlichkeit. Gott ist nicht eine Person, auch keine dreigeteilte Trinität – Gott ist alles in allem – hen kai pan – Gott ist der Grund des Raumes[46], der Zeit[47], des Wesens[48] und des Bewußtseins[49]. Gott, das heißt das All, die Natur, das Ganze des Vorhandenen ist vor allem Liebe. *Die Liebe, so wie sie absolutes Substantiv ist, Gott ist, ist*

Es treibet Dir der Lebensbaum
Nur auf der letzten Gränze Saum
Heraus zum süßen Sonnenlichte
Bewußtseins herb gereifte Früchte;
Es quellet nur in Saus und Braus
Die Vorderspitz' das Selbst heraus;
Person ist nur des Baumes Gipfel,
Des Lebensfadens letzter Zipfel.
Das Messer ist nur vornen scharf
Und nutz zu Deinem Hausbedarf.
Bloß auf des Hahnes Kamme
Entbonnt auf des Zorges Flamme.
Mit scharf gespitztem Federkiel
Sagst in großartigem Stihl
In die Natur aus Lumpenstoff,
Daß alles Fleisch von Blute troff,
Mit salzscharfem Höllenstein
Der Geist sein klares Wesen ein.
Natur hat nur in Wunden,
Des Geistes Grund gefunden.
Die Freiheitsfahne wehet nur
Auf Stang' und Spitz' in der Natur;
Es sitzet auf des Weltalls Mast
Der Geist, der selbstbewußt sich faßt.
Es fasset nur am Kopfe
Der Geist die Natur beim Schorfe,
Und schneidet seiner lieben Baße
Ironisch eine lange Nase;
Natur macht dann ein Compliment,
Und dreht sich wieder um bebend,
Empfiehlt sich seiner Excellenz
Da endet Deine Existenz!
Ach nur ein Compliment
Bringt Dir des Lebens End'!
Wär' Natur nicht ein Kameel,
Wir lebten ewig sonder Fehl.
Doch sei nur Dein Verstand nicht schief,
Und schaue wie Natur so tief!
Wo Deines Selbstes Majestät,
In eignem Wissen aufgebläht,
Und Deiner Sinne Blüthenpracht

Aus Feuerbachs Handexemplar der «Gedanken über Tod und Unsterblichkeit»

ebensowohl Grund, Anfang, Prinzip des Lebens und Seins, als des Todes und des Nichtseins; wiefern sie Unterscheidung ist, ist sie Grund des Daseins. Jakob Böhme, der Görlitzer Schuster, wird ausführlich zitiert.[50] Im Streit von Theismus und Pantheismus steht Feuerbach eindeutig und kompromißlos auf seiten des Pantheismus. *Wehrloser Glaube, närrische Hochmut, fromme Sophistik, gelehrte Theologen, Gefühlstheologen, Heuchler im Talar und Polterköpfe auf der Kanzel, fromme Quacksalber und Bibelhändler* – der ganze moderne *Mystizismus* und die *Sophisterei,* das sind die von Feuerbach attackierten Personen und Gruppen, über die er insbesondere in den angehängten Xenien seinen Spott ausgießt. Die Usurpation des Wortes *Mystik* macht es erforderlich, zwischen den *älteren und jetzigen Mystikern* zu unterscheiden:

Ältere Mystiker, Euch, die Ihr aus eigenem Geiste,
Aus der Tiefe herauf wiedergebaret das Wort,
Das inwendig in Euch war, tief in der Seele verborgen,
Nicht bloß Glaub' und Gefühl, selber Vernunft und Idee,
Innerster Geistesbesitz, unendliche Fülle des Lebens . . .
Euch verehre ich tief, lieb' Euch aus innerstem Grund.
Aber das lederne Pack, das jetzt sich Mystiker nennet,
Das aus Mangel an Geist, innrer Bewährung entblößt,
Auf Kritik und Grammatik gestützt, aus biblischen Stellen
Ängstlich zusammen sich kratzt, was soll das Innerste sein . . .
Dieses gemeine Geschmeiß haß' und verschmäh' und veracht' ich;
Selber mein letzter Hauch sei ihm noch tödliches Gift.[51]

Feuerbachs Kritik an den rationalistischen wie den pietistischen Schulen moderner Theologie ist nicht Selbstzweck. In und mit dieser Kritik wird die hinter diesen Weltauffassungen stehende Lebenshaltung kritisiert. Diese Weltdeutungsschemata sind deswegen gefährlich, weil sie den Menschen am menschlichen und mitmenschlichen Leben hindern, weil sie ihm Glück, Menschlichkeit und Liebe vorenthalten. Erst die Anerkennung des Todes als eines selbstverständlichen Faktums lenkt wieder die ins Jenseits gewandten Augen der Erdenbürger hierher zurück auf diese Welt und läßt sie in der Endlichkeit die Unendlichkeit, im Augenblick die Ewigkeit und im Anderen den Mitmenschen, Bruder, Kollegen und die Geliebte erkennen. Über Hegel hinaus – der einlinig nur denkende Philosophiehistoriker würde konstatieren hinter Hegel zurück – wird die mystische, die pantheistische, die holistische Weltsicht für Feuerbach der Rahmen, in dem allein das Individuum die Schranken und Grenzen seiner Subjektivität sprengen kann. Die Vernunftdialektik der Dissertation, welche die Ratio zum subjektivitätssprengenden eigentlichen Wesen des Menschen machte und welche die Sinnlichkeit des Menschen seiner eingeschränkten Individualität zurechnete, hatte eigentlich eine gar nicht einmal spekulative, sondern rationalistisch-holistische These zur Begründung von Wissenschaft, Sozialbeziehung und Philosophie gegeben. Sie war lateinisch geschrieben und an die Fachkollegen gerichtet. Die *Gedanken über Tod und Unsterblichkeit* sprengen die sinnesverachtenden Fakultätsgrenzen rationalistischen Ganzheitsdenkens und entfalten das Projekt einer l e b e n s w e l t l i - c h e n E x p l i k a t i o n d e s W e s e n s d e s M e n s c h e n. Besser gesagt, der Erlanger Dozent für Philosophie entfaltet kein Projekt, das den Kollegen vorzulegen ist. Die Adressaten sind nicht die Vertreter der gelehrten Welt, die im Gegenteil ohne Ausnahme mit Spott übergossen werden; der Adressat ist der Leser, der vor Verführern gewarnt und dem in hinreißender Sprache die Verheißungen eines nicht mehr egoistischen, eines nicht mehr sinnesfernen, sondern eines menschlichen und mitmenschlichen Lebens gepredigt wird. Deshalb der Hymnus auf die Liebe, der den Mitmenschen hinreißen soll in ein ganz und gar nicht bloß für den Sonntag gedachtes Andachtsgefühl, sondern der bezwecken will, was schon der Sonnengesang des Franz von Assisi vermitteln wollte: ein neues Lebensgefühl für den Alltag. *O laß mich jetzt noch einmal, göttliche Liebe, nachdem ich lange genug den betrübenden Blick auf die trüben Erscheinungen der Gegenwart warf, im Gegensatz gegen welche selbst die Wahrheit nicht als Wahrheit, nur als Gegensatz erscheinen kann, laß mich noch einmal in den alles Besondere zusammenfassenden und einenden, in den genußreichen und beseeligenden Gedanken Deines Wesens mich versenken! Du bist Gott, Wesen, das alle Wesen; Du bist selbst das alles erleuchtende Bewußtsein, selbst das Denken, selbst der Geist, selbst die alles vernichtende Zeit, selbst der alles gewährende Raum. Gott, Du bist als die Liebe selbst, als alles Wesen, als alles Bewußtsein, aller Geist, alle Zeit, aller Raum, alle Natur, als Alles, wie in seiner Einheit, so in seinem Unterschiede, meine Bejahung und Verneinung, mein Lebens- und Todesgrund in Einem. Als Zeit, bist Du mein Vergehen, als Raum mein Bestehen, als Wesen mein Ende, als Bewußtsein mein Anfang. Als Alles, als Geist und Natur, als Bewußtsein und Wesen, als Zeit und Raum bist Du nicht bloß die Einheit des Unterschiednen, sondern selbst der Unterschied des Unterschiednen, die Selbständigkeit der Selbständigen, die Vielheit der Vielen, das Dasein der Daseienden, die Schranke des Beschränkten, die Bestimmtheit des Bestimmten, die Einzelheit der Einzelnen.*[52]

Die These der Dissertation von der einheitstiftenden Fähigkeit logischer Intellektualität wird nicht zurückgenommen. Sie wird aber eingeordnet in die umfassende These von der Natur und Mensch, aber auch Mensch und Mensch und damit auch Mensch und Gott (Welt-)

umfassenden und einheitstiftenden Liebe, einer Liebe, in welcher Körper und Vernunft, Ewigkeit und Zeitlichkeit, Endlichkeit und Unendlichkeit, Tod und Unsterblichkeit keine Gegensätze mehr sind. Wenig später als Feuerbach entdeckte Kierkegaard den Tod als die Bedingung der Möglichkeit menschlicher Existenz; die Existenzphilosophie des 20. Jahrhunderts hat die Funktion des Todes als unüberholbar neu beschrieben. Sie hat bestätigt, wie erst angesichts der Unausweichlichkeit des Todes die Kräfte für die menschliche Gestaltung dieser unserer einen und einzigen Welt wachsen und wie tief und unerklärlich und unendlich das menschliche Leben in Sensualität und Sozialität gestaltet werden kann.

Sind die *Gedanken über Tod und Unsterblichkeit* eine a t h e i s t i s c h e Schrift? Sie sind eine kompromißlos a n t i - t h e i s t i s c h e Schrift, insofern dem christlichen Theismus der Vorwurf gemacht wird, die Natur dieser Welt, insbesondere die menschliche Natur zu knechten zugunsten eines fiktiven Jenseits. Es ist eine pantheistische Schrift, und es bleibt schließlich eine definitionspolitische Frage an den Pantheismus, ob innerhalb seines Weltbildes Platz für Sinnlichkeit und Sozialität des Menschen gegeben ist oder nicht. Die eigentliche Frage. lautet jedoch nicht: ist in Gott Platz für Natur und Sinnlichkeit? Sie lautet: sind Natur und Sinnlichkeit göttlich und unendlich? Ludwig Feuerbach bejaht diese Frage vorbehaltlos.

Erlanger Kritiken (1830–1837)

Am 25. Juli 1828 hatte Feuerbach in Erlangen die philosophische Promotion bestanden; am 5. August stellt er beim bayerischen König den Antrag, daß die *Königliche Majestät* geruhen *möchten, ihn – nachdem er zuvor seine der philosophischen Fakultät bereits vorgelegte und von derselben gebilligte Inauguraldissertation wird verteidigt haben – mit der Erlaubnis zu begnaden, im nächstkommenden Semester auf der Universität Erlangen als Privatdozent der Philosophie auftreten zu dürfen. In allertiefster Devotion ersterbend, Eurer Königlicher Majestät alleruntertänigst treu ergebenster Diener Dr. Ludwig Andreas Feuerbach.*[53] Die Majestät geruhte am 7. Februar 1829, nachdem der akademische Senat in Erlangen die mit Erfolg am 13. Dezember 1828 in Erlangen gehaltene öffentliche Disputation zur Verteidigung der Dissertation gemeldet hatte. Der Titel der im Druck vorgelegten Fassung lautete nunmehr *De ratione, una, universali, infinita.* Feuerbach hatte den Text im Sommer überarbeitet und an wichtigen Stellen präzisiert. Noch im Wintersemester 1828/29 las Feuerbach über Descartes und Spinoza, im Sommersemester 1829 über Logik und Metaphysik. Beide Themen werden in den Vorlesungen bis zum Wintersemester 1835/36 vielfältig variiert. Die Vorlesungen über Logik und Metaphysik stellen im wesentlichen eine Explikation der Hegelschen dialektischen Methode und seines Systems unter besonderer Berücksichtigung der Feuerbach vor allem bewegenden Problematik des Verhältnisses von Denken und Sein, von Mensch und Vernunft, von Einzelnem und Allgemeinem dar. Aus den philosophiehistorischen Vorlesungen sind die Bücher *Geschichte der neueren Philosophie von Bacon von Verulam bis Benedict Spinoza* (1833, 2. Aufl. 1844), *Geschichte der neueren Philosophie. Darstellung, Entwicklung und Kritik der Leibnizschen Philosophie* (1837, 2. Aufl. 1844) und *Pierre Bayle nach seinen für die Geschichte der Philosophie und Menschheit interessanten Momenten dargestellt und gewürdigt* (1838, 2. Aufl. 1844) hervorgegangen. Die geschichtsphilosophischen Studien begründeten Feuerbachs Ruf als den eines anerkannten und von den Hegelianern akzeptierten Philosophiehistorikers von Rang. Sie öffneten ihm die Mitarbeit als Rezensent philosophiegeschichtlicher

QVOD FELIX FAVSTVMQVE ESSE IVBEAT
DEVS TER OPTIMVS MAXIMVS
SVB AVSPICIIS
AVGVSTISSIMI ET POTENTISSIMI REGIS ET DOMINI
DOMINI
L V D O V I C I
REGIS BAVARIAE
REGIS ET DOMINI NOSTRI LONGE CLEMENTISSIMI
EX DECRETO AMPLISSIMI PHILOSOPHORVM ORDINIS
IN ACADEMIA REGIA FRIDERICO-ALEXANDRINA ERLANGENSI

EX-PRORECTORE MAGNIFICO
VIRO PERILLVSTRI ET EXPERIENTISSIMO
D. ADOLPHO CHRIST. HENRICO HENKE
AVGVSTISSIMO BAVARIAE REGI AB AVLAE CONSILIIS MEDICINAE PROFESSORE PVBLICO ORDINARIO ET INSTITVTORVM
CLINICORVM DIRECTORE

VIRO PRAENOBILISSIMO
LVDOVICO ANDREAE FEVERBACH
OB INSIGNIS INGENII ET SOLIDIORIS DOCTRINAE LAVDEM COMPROBATAM IN EXAMINE RIGOROSO ET
PRAESERTIM EXHIBITA DISSERTATIONE INAVGVRALI

DE INFINITATE VNITATE ATQVE COMMVNITATE RATIONIS

DOCTORIS PHILOSOPHIAE ET AA. LL. MAGISTRI
GRADVM IVRA ET PRIVILEGIA
DIE XXV. M. IVL. cIɔIɔcccxxviii

RITE CONTVLIT
IOANNES PAVLVS HARL
PHILOSOPHIAE ET IVRIS VTRIVSQVE DOCTOR
AVGVSTISSIMO BAVARIAE REGI AB AVLAE CONSILIIS DOCTRINARVM QVAE CAMERALES DICI SOLENT PROFESSOR PVBLICVS ORDINARIVS
EQVES ORDINIS HONORARIAE LEGIONIS FRANCOGALLICI

ORDINIS PHILOSOPHORVM H. T. DECANVS ET PROMOTOR AD HVNC ACTVM LEGITIME CONSTITVTVS.

Das Doktor-Diplom für Ludwig Feuerbach

Literatur bei dem einflußreichsten wissenschaftspolitischen Unternehmen des Hegelianismus, den «Jahrbüchern für wissenschaftliche
Kritik», kurz «Berliner Jahrbücher» genannt. Vage Hoffnungen, mit
solchen Anerkennungen und Kontakten einen Ruf nach Berlin zu
bekommen, zerschlagen sich bald. In Bayern war keine Chance, eine
beamtete Professur zu bekommen; die ketzerischen *Gedanken über
Tod und Unsterblichkeit* standen – auch wenn das nie ausgesprochen
wurde – im Wege. Aber auch Feuerbachs Mitarbeit an eben den
«Berliner Jahrbüchern», zum Beispiel seine Kritik an der in Bayern so

sehr geschätzten christlich-konservativen Rechtsphilosophie des Alt-
preußen Friedrich Julius Stahl erweckten in Erlangen und München
nicht gerade Sympathien. Auch Versuche, in Frankfurt am Main eine
gut besoldete Hauslehrerstelle oder eine Anstellung an einem Gymnasium zu finden, schlugen fehl. Der Vater starb im Juni 1833. Mit
Unterstützung von dieser Seite oder einer Unterstützung des bayerischen Königshauses für den Sohn aus Anerkennung der Verdienste
des Vaters war nicht mehr zu rechnen. Der Vater hatte Ludwig, wie
erwähnt, bittere Vorwürfe wegen der Unsterblichkeitsschrift gemacht. Ritter Anselm von Feuerbach starb plötzlich und unerwartet;
bis heute ist die Behauptung nicht entkräftet worden, daß sein Tod
mit seinem Interesse an Schicksal und Herkunft des Kaspar Hauser,
den er zeitweise in sein Haus aufnahm, und seiner Schrift «Kaspar
Hauser, Beispiel eines Verbrechens am Seelenleben eines Menschen»
(1832) zusammenhing.

Die Erlanger *Vorlesung über Logik und Metaphysik* macht deutlich, daß Metaphysik nicht im platonischen Sinne zu verstehen ist.
Logik und Metaphysik sind vielmehr eines, *sie sind Bestimmungen
ebensowohl des Gedachten als des Denkenden. Beides sind Organe,
Werkzeuge, vermittelst derer der Geist etwas faßt; natürlich muß man
sich diese nicht vorstellen so äußerlich wie die Werkzeuge es dem
Menschen sind, noch als bloße Handwerkzeuge, sondern als innerlich
bestimmende.*[54] Die Metaphysik, so vorgetragen, vermittelt nicht absolutes Wissen eines absoluten Philosophen ex cathedra; sie ist nicht
Ergebnis, sondern Prozeß des Philosophierens und in einen solchen
will der junge Privatdozent auch seine Hörer hineinholen.[55] Wichtig
ist dabei, daß wiederum deutlich wird, wie Vernunft und Natur keine
Gegensätze sind, wie vielmehr *die Vernunft das Wesen der Natur,
indem sie das Wesen der Menschheit ist, aber damit zugleich auch das
Wesen ihrer selbst, d. h. abgesehen von Natur und Menschheit ein in
sich selbst seiendes, selbständiges Wesen ist*[56]. Das ist ganz die Hegelsche Idee an sich, der Lutherische deus per se ipse et absconditus. Die
Erlanger Studien zur Logik und Metaphysik sind Auseinandersetzun-
gen mit der Feuerbach noch immer nicht loslassenden Problematik
des Verhältnisses von Einzelnem und Allgemeinem. Sie sind vorwie-
gend auf Hegelschem Boden entwickelt, aber durchaus selbständig.
Wie sehr hier die eigene Problematik die Demonstration des Stoffes
vorbestimmt, zeigt sich in einem Vergleich mit der methodisch stilrei-
neren und meisterlich hegelianisierenden Rezension des Buches des
Kantianers C. Fr. Bachmann «Anti-Hegel» (1835). Mit dieser Rezension stieg Feuerbach in den «Berliner Jahrbüchern» zur Autorität
in Sachen kraftvoller Selbstverteidigung der spekulativ-dialektischen
Methode auf dem Gebiet der Philosophiegeschichtsschreibung auf.

Philosophische und nicht etwa philologische und historische Interessen stehen auch im Vordergrund von Feuerbachs philosophiehistorischer Arbeit. Die Geschichte der Philosophie lehrt zweierlei: einmal eine Unvermeidbarkeit des Philosophierens. *Der Mensch muß philosophieren, er mag wollen oder nicht, hierin ist er nicht frei. Der Trieb zum Denken ist unwiderstehlich.* Und dann zweitens die Unvermeidbarkeit, zu bestimmten Zeiten bestimmte Inhalte zu denken. *Eine bestimmte Idee tritt nämlich nur zu einer bestimmten Zeit in die Welt. Insofern hat ein System in seiner äußeren Notwendigkeit seinen Grund; es war durch den Grad der Bildung, die Art des Denkens, die allgemeine Weise des Lebens, oder bereits durch ein anderes schon vorhandenes System der Philosophie notwendig auf den Standpunkt seiner Philosophie geführt worden.*[57] Die philosophischen Ideen sind aber zugleich *besondere Bestimmungen der absoluten und unendlichen Idee, die Idee der Wahrheit, sie sind bestimmte Wahrheiten oder wahre Erkenntnisse, die als bestimmte, nur zu einer bestimmten besonderen Zeit vermittelst bestimmter Individuen, die den ihrem Inhalt gemäßen Charakter und Geist haben, ausgesprochen werden können*[58]. Die Konsequenz aus dieser anthropologischen Begründung von Philosophieren und Philosophie ist eine Theorie der Philosophiegeschichtsschreibung, die sich als parteiisch verstehen muß. Auch die Hegelsche Philosophiegeschichtsschreibung war parteilich gewesen, parteilich ex post und ex cathedra die Zensuren verteilend und die Ideen und ihre Bewegungen in ein als Bühnenbild für das eigene Philosophieren passendes Szenarium komponierend. Der Marxismus-Leninismus macht, relativ spät ebenfalls, das Prinzip der Parteilichkeit zum Basisprinzip historischer Aufhebung und Aufbewahrung, zum Prinzip der Aneignung des Erbes. – *Die Menschheit muß, wenn sie eine neue Epoche begründen will, rücksichtslos mit der Vergangenheit brechen; sie muß voraussetzen, das bisher Gewesene sei nichts. Nur durch diese Voraussetzung gewinnt sie Kraft und Lust zu neuen Schöpfungen. Alle Anknüpfungen an das Vorhandene würden den Flug ihrer Tatkraft lähmen. Sie muß daher von Zeit zu Zeit das Kind mit dem Bade ausschütten; sie muß ungerecht, parteiisch sein. Gerechtigkeit ist ein Akt der Kritik; aber die Kritik folgt nur der Tat, kommt aber nicht selbst zur Tat.*[59] Und hier zeigt sich auch der Unterschied des Feuerbachschen Prinzips der Parteilichkeit in der Philosophiegeschichtsschreibung zu dem Leninistischen. Letzteres kritisiert post festum in nachrevolutionärer Zeit die zeitgenössischen philosophischen Gegenpositionen mit dogmatisch stabilisierter Apologetik und garniert die Ideengeschichte zu einer Vorläufer- und Legitimationsszenerie für die eigene philosophische Position, wie Hegel es getan hatte. Die Feuerbachsche Parteilichkeit ist eine vorrevolutionäre, die nicht kritisch bewertet; sie folgt nicht den Taten, die sie kritisiert; sie will selbst Tat sein. Und deshalb ist ihre Parteilichkeit eine des Verbrauchens, der Plünderung der ideengeschichtlichen Utensilienkammern zu Zwecken einer «neuen Philosophie» in einer neuen Epoche.

In dieser Parteilichkeit wird zunächst Bacon, der mit Tests, Experimenten und einem hellen Sinn für naturwissenschaftliche Realität die Idolenkritik und die These von den ewigen und unveränderbaren Formen der Dinge lehrte, zum Vater der neuzeitlichen Philosophie ernannt. Jakob Böhmes Philosophie macht dann gegen die «Idealisten» Descartes, Spinoza und Leibniz, *gegen das abgezogene, mystische und idealistische Wesen dieser Philosophen das Wesen der Sinnlichkeit, freilich nur auf mystische, phantastische Weise geltend.* Aber noch etwas anderes, für seine eigene Entwicklung Wichtiges unterstreicht Feuerbach an Böhme; dieser ist *der lehrreichste und zugleich interessanteste Beweis, daß die Mysterien der Theologie und Metaphy-*

Kaspar Hauser.

Beispiel

eines

Verbrechens

am

Seelenleben des Menschen

von

Anselm Ritter von Feuerbach.

Ansbach, bei J. M. Dollfuß.

1832.

sik in der Psychologie ihre Erklärung finden, daß die Metaphysik nichts anderes ist «als die esoterische Psychologie»; denn alle seine metaphysischen und theosophischen Bestimmungen und Ausdrücke haben patho- und psychologischen Sinn und Ursprung[60]. Feuerbach identifiziert sich mit Böhme, so wie er es später, als er in den Jahren 1842/43 Martin Luther zum erstenmal gründlich liest, mit diesem auf eine eigentümliche Weise tut.[61] Aber auch in Pierre Bayle findet er sich wieder, in *dem unruhigen Prozeßkrämer und Friedensstörer der prästabilisierten Harmonie und so mancher anderer concordia discors, dem ungebundenen losen Skeptiker, dem dialektischen Guerillahäuptling aller antidogmatischen Polemiker, dem hyperbolisch spitzen Kritiker*[62]. Bayle habe gezeigt, wie die Theologie und Religion den Grund und die Ursache von Herausforderungen und Bewegungen im *Mirakel*, die Philosophie aber in der *Natur der Sache* finde. Er habe auch die Ethik als selbständige, von der Theologie emanzipierte, ja ihr diametral entgegengesetzte Weise der Prädisponierung für moralisches Handeln verstanden und entwickelt. Weil der Religion und Theologie die Sittlichkeit eine fremde Kategorie ist, *so hat sie wohl heilige Handlungen, aber noch lange nicht sittliche Handlungen und Gesinnungen zur Folge, so kann sie selbst der Impuls zum Verbrechen werden.* In jedem Fall erhalten sittliche Normen im religiösen Verhalten eine bloß abgeleitete, *eine untergeordnete Stellung, eine äußerliche Bedeutung.* Sie werden *nicht um ihrer selbst willen, sondern um Gottes willen, weil er sie befiehlt,* beachtet. *Es entfremdet sich so notwendig das religiöse Gemüt dem sittlichen Geiste, daher die Erfahrungen, daß der schlechteste Charakter sich mit religiösem Herrendienste verträgt. Der Zorn Gottes ist nichts anderes als Vergegenständlichung der Furcht und Angst des religiösen Gemüts*[63]. Die Philosophie will nichts von dieser verkehrten Welt wissen. In ihr ist nicht das Heilige als solches das Primäre und Gute; in ihr ist *nur das Wahre heilig, aber noch nicht das Heilige wahr*[64].

Der Philosoph ist, weil sein Denken nicht Ausdruck eines egozentrischen, krankhaften und verklemmten Weltverhaltens ist, auch in seinen sozialen Beziehungen ein anderer Mensch. *Der wissenschaftliche Mann ist, weil friedfertig, auch nicht rechthaberisch, bekümmert sich nicht um das Geschwätz der Menge, kennt keinen höheren Genuß als Arbeit und Tätigkeit, ist human, denkt gut vom Menschen, giert nicht nach weltlichen Ehren und Reichtümern, ist ein objektiver Mensch; denn die Wissenschaft ist selbst der objektive Geist im Menschen.* So sah Feuerbach den Pierre Bayle und so sah er sich selbst. Die Objektivität und Realistik in der Kenntnis der Menschennatur, welche er vorgibt, hat keinen Raum für den nur bedingt guten Menschen, für das, was man bei Hobbes alles an unvermeidbar bösem Erbteil von uns Menschen nachlesen kann. Deshalb braucht Feuerbach auch auf Grund seiner durch und durch optimistischen Anthropologie keine ausgebreitete Institutionstheorie zu entwickeln. Es ist nicht nötig, ein Netz von Sicherheiten zu errichten, das den Menschen vor sich selbst schützt. Die alte klassische Formel der unauflöslichen Einheit von securitas und libertas gilt nicht für Feuerbach. Libertas wird gewonnen durch Selbstbefreiung aus selbstverschuldeten Unmündigkeiten – wissenschaftliche Objektivität und Aufklärung gegen

Jakob Böhme. Zeitgenössisches Bildnis. Kaminz, Stadtbibliothek

pietistischen Obskurantismus. *Der wissenschaftliche Mann denkt gut vom Menschen. Er hält die Klugheitsregel, die in jedem Menschen böse Absichten voraussieht, unter seiner Würde.*[65]

Der These von der Überflüssigkeit der Klugheitsregel widersprach der Erlanger Philosoph dann doch, als er – übrigens wie jeder andere Philosoph in Bayern auch – auf Weisung des Königlich-Bayerischen Ministeriums und in Anwesenheit des Prorektors, des Universitätssyndikus und eines dritten professoralen Zeugen am 16. Juli 1833 zu Protokoll gab: *Ich, Ludwig Andreas Feuerbach, Privatdozent an der*

Schriftliche Erklärung des Privatdozenten Ludwig Feuerbach

Königlichen Universität dahier, schwöre Beachtung der Gesetze dieser Universität, Gehorsam gegen die akademischen Behörden, möglichste Wahrung des Vorteils der Königlichen Universität und treue Pflichterfüllung derjenigen besonderen Pflichten, welche die Stelle eines Privatdozenten mir auferlegen, namentlich keine Lehren vorzutragen oder zu verbreiten, welche gegen den Staat, die Religion oder die guten Sitten anstoßen oder denselben nachteilig sein könnten. So wahr mir Gott helfe und sein heiliges Evangelium! V(orgelesen) *g*(esehen) *u*(nd) *u*(nterschrieben) *Dr. Ludwig Andreas Feuerbach.* Ein zusätzlicher Schwur auf den König und die Beachtung der Gesetze nebst religiöser Eidesformel wurde von Feuerbach nicht nur unterschrieben, sondern gleichzeitig mit dieser Erklärung handschriftlich zu Papier gebracht.[66] Feuerbach hatte im Jahre 1832 und dann weiterhin Anträge auf beamtete Anstellung an das Ministerium geschickt. Die Anträge wurden hinhaltend beschieden oder abgelehnt. Der Feuerbach wohlgesonnene Prorektor Engelhardt bat Feuerbach dann im Jahre 1836 anläßlich des dritten Gesuchs auf Anstellung, daß er ihn in den Stand setzen möge, dem Ministerium gegenüber fest zu beschwören, daß Feuerbach weder ganz noch teilweise an den *Gedanken über Tod und Unsterblichkeit* mitgewirkt habe. Das konnte Feuerbach nicht.[67] Er hatte auch die Lust an der Lehre und überhaupt an dem Erlanger Klima inzwischen verloren.

Seit 1834 stand er in Briefwechsel mit Bertha Löw, der Tochter eines Porzellanfabrikbesitzers in Bruckberg im Hasslachtal, das Ansbach mit Bamberg verbindet und Feuerbach seit den Wanderungen in seiner Jugendzeit bekannt war. Am 12. November 1837 wurde Ludwig Feuerbach mit Bertha Löw im Bruckberger Schloß kirchlich getraut. Dorthin zog Feuerbach dann und erhielt eine geräumige Studierstube in einem Seitentrakt des Schlosses. In seinen autobiographischen Fragmenten gewinnt er der gescheiterten Universitätskarriere die beste Seite ab. *Einst in Berlin und jetzt auf dem Dorfe! Welch ein Unsinn! Nicht doch, mein teurer Freund! Siehe, den Sand, den mir die Berliner Staatsphilosophie in die Zirbeldrüse, wohin er gehört, aber leider! auch in die Augen streute, wasche ich mir hier an dem Quell der Natur vollends aus. Logik lernte ich auf einer deutschen Universität, aber Optik – die Kunst zu «sehen», lernte ich erst auf einem deutschen Dorfe.*[68] So war es für ihn eine abgeschlossene Sache, die ihn nicht weiter aufregte, als schließlich sechs Jahre nach Aufgabe seiner Vorlesungen in Erlangen die Nachricht eintraf, der bayerische Minister des Inneren habe angeordnet, Feuerbach sei aus dem Verzeichnis der Lehrenden der Erlanger Universität zu streichen, weil er sich schon lange nicht mehr dort aufhalte. Feuerbach erreichte diese Nachricht im späten Frühjahr 1841 zu einer Zeit, als gerade *Das Wesen des Christentums* unter der Druckerpresse war.

Bertha Feuerbach, geb. Löw. Gemälde, um 1835

Bruckberger Kritiken (1838–1841)

Mit der Übersiedlung nach Bruckberg brach Feuerbach manche Brücken zur akademischen Welt ab und begrub die Hoffnungen auf eine Universitätslaufbahn. Seine Kommunikation mit der akademischen Welt fand fortab nur noch literarisch statt. Die Dorfbewohner und seine Familie blieben die einzigen Gesprächspartner; ein im wesentlichen mit seinem Heidelberger Freund Christian Kapp und mit seinem Redakteur Arnold Ruge geführter Briefwechsel kam hinzu. *Wie einst von der Kirche, so muß sich jetzt der Geist vom Staate freimachen. Der bürgerliche Tod ist allein der Preis, um den Du Dir jetzt die Unsterblichkeit des Geistes erwerben kannst,* schrieb Feuerbach sich selbst ins autobiographische Stammbuch.[69] Auch seine so hoffnungsvoll begonnene Mitarbeit an den einflußreichen «Berliner Jahrbüchern» brach mit dem Jahre 1838 ab, als diese eine Feuerbachsche Rezension über Karl Bayers «Die Idee der Freiheit und der Begriff des Gedankens» (1837) mit vorgeschobenen Gründen ablehnte. Feuerbach unterstreicht an Bayers Definition der Freiheit, daß diese zuerst Freiheit vom *Autoritätsglauben* zum Inhalt habe und belegt seine These am Gang der neuzeitlichen Philosophie vom methodischen Zweifel des Descartes bis hin zu Hegels Kritik an den Autoritäten Jacobi und Fichte. Für Hegel war *Freiheit* identisch mit *Wissenschaft, weil sich hier der Geist zum Gegenstande nicht als zu einem Gegensatz, sondern als gedachtem, als in sein eigenes Element versenktem, als dem seinigen verhält, weil hier der Geist bei sich selbst ist. Bei sich selber sein war die Freiheit. Aber über der Objektivität vernachlässigte der Mann die Subjektivität und setzte sie in mehrfacher Beziehung zurück. Die Idee des Guten, das positive Prinzip der Subjektivität . . . redet kein Wort bei der Schöpfung der Natur mit. Wäre sie ein tätiges Moment, so würde uns Hegel bei der Natur nicht an den verlorenen Sohn des Neuen Testaments, sondern an das Lied der Lieder im Alten Testament erinnern.* Die Konsequenz aus dieser bei Hegel ungelösten Problematik ist das Verhältnis von Idee und Natur, die später auch der alte Schelling zum Ausgangspunkt seiner Kritik an Hegel machte. So drängt Feuerbach in die Philosophie der Zukunft über Hegel hinaus. *Gerecht war darum der Krieg gegen Hegel in dieser*

Beziehung, gerecht ist der Krieg gegen jedes starre Festhalten seines Systems. Notwendig ist die Freiheit, notwendig die Philosophie, aber nicht Hegel, nicht Fichte, nicht Kant.[70] Es ist ziemlich verständlich, daß die auf wissenschaftspolitische Durchsetzung des Hegelschen Systems und der spekulativen Methode in allen Wissenschaften bedachten «Berliner Jahrbücher» kein Plädoyer für ein über Hegels System hinausgehendes freies Philosophieren abdrucken wollten. Schließlich zeigte dem Eingeweihten auch am Schluß der Rezension die These, daß *die ethische Idee die allein positive Idee der Religion* sei, einen bedenklichen Abfall vom Niveau spekulativer Religionsphilosophie.

Gerade jetzt fand Feuerbach Kontakt mit den «Halleschen Jahrbüchern für Wissenschaft und Kunst», seit Anfang 1838 von dem Liberalen Arnold Ruge und dem Germanisten Theodor Echtermeyer als Organ der jungen kritischen Intelligenz herausgegeben. Die Herausgeber hatten Feuerbach schon im Herbst 1837 um Mitarbeit gebeten. «Sie werden sehen», hatte Ruge geschrieben, «daß es uns wichtig ist, die steifleinenen und stereotypen Berliner loszuwerden, dagegen das eigentliche verdaute Wesen des neuen Geistes in Umlauf zu setzen.»[71] Die Rezension über Bayer war Feuerbachs erster Beitrag für die «Halleschen Jahrbücher». Feuerbach blieb einer der eifrigsten und profiliertesten Mitarbeiter und trug durch seine Beiträge zum Echo und zur Verbreitung der Jahrbücher bei. Unter dem Einfluß des später hinzugetretenen Bruno Bauer und seiner Provokationsstrategie dem Staat gegenüber, eskalierten schließlich die Kritik der Zeitschrift und die Reaktion der Pressezensur so sehr, daß im Jahre 1840 die Jahrbücher von Halle in Preußen nach Dresden in Sachsen auswanderten und dort bis zu ihrem Verbot im Jahre 1843 unter dem Titel «Deutsche Jahrbücher für Wissenschaft und Kunst» ohne die Mitherausgeberschaft des gemäßigten Theodor Echtermeyer weitererschienen. Ruge setzte dann im Jahre 1844 gemeinsam mit Marx in Paris ein neues Projekt in die Welt, die «Deutsch-Französischen Jahrbücher», von denen aber auch nur ein Heft erschien. Vorher hatte er 1843 in zwei Bänden die Sammlung der radikalsten und von der Zensur in Dresden gestrichenen Beiträge der «Deutschen Jahrbücher» in der Schweiz erscheinen lassen unter dem Titel «Anekdota zur neuesten deutschen Philosophie und Publizistik». Von Feuerbach waren die *Vorläufigen Thesen zur Reformation der Philosophie* in den «Anekdota» enthalten.

Die Kritik an rationalistischer und pietistischer Theologie ist inzwischen zu einer solchen polemischen Fertigkeit entwickelt, daß im einzelnen auf seine Kritiken nicht eingegangen zu werden braucht. Wichtig ist für ihn in den Jahren 1839 bis 1841 aber weiterhin das Problem des Verhältnisses von Einzelnem und Allgemeinem, in bezug auf welches jetzt der Hegelsche Lösungsvorschlag total verworfen wird. Die These von der Vernunft, die an sich und für sich in einer dialektischen Einheit alles in sich umfaßt und entfaltet, befriedigt ebensowenig wie die stiefmütterliche Behandlung der Naturphilosophie im Sinne Hegels, die Dominanz der Objektivität gegenüber der Subjektivität und das Hegelsche Nichtanerkennenwollen der genuinen Alogizität, der Vernunftlosigkeit und der Vernunftwidrigkeit der Natur. Die sinnliche Gewißheit wurde bei Hegel abgewertet. Die großartige Leistung der Einführung des D i f f e r e n z p r i n z i p s in die Identitätsphilosophie wurde von Hegel nicht konsequent durchgeführt, und deshalb ist trotz der Darlegungen in Hegels «Phänomenologie des Geistes» bei Hegel *die Vermittlung der absoluten Idee nur eine formelle. Die Idee er- und bezeugt sich nur durch ein wirklich anderes – welches andere nur die empirisch konkrete Verstandesanschauung sein könnte, – sie erzeugt sich aus einem formellen scheinbaren Gegensatz.* Für Hegel war eben in seinem Innern, so der Feuerbachsche Vorwurf, *die absolute Idee eine Gewißheit; er war hierin nicht Kritiker, Skeptiker; aber sie sollte sich beweisen, den Schranken der subjektiven intellektuellen Anschauung entrückt werden, sie sollte auch für Andere sein.* Und das gelang Hegel nicht, denn *der Beweis auf*

Schloß Bruckberg

Arnold Ruge

dem Gebiet der Philosophie besteht nur darin, daß der Widerspruch
des sinnlichen Verstandes gegen den reinen Gedanken überwältigt
wird, der Gedanke nicht nur für sich, sondern auch für sein Gegenteil
wahr wird. Beweisen, ganz einfach, heißt nichts anderes als einen
(möglichen oder wirklichen) Anderen zu meiner eigenen Überzeugung
zu bringen. Die Wahrheit liegt nur in der Vereinigung des Ich und des
Du. Hegel kann nicht als der Überwinder der subjektivistischen Einseitigkeiten von Rationalismus und Pietismus gelten.[72] Hegel hat –
und zwar nicht zufällig, sondern in Folge des Geistes der spekulativen
Philosophie Deutschlands seit Kant und Fichte – die causae secundae,
die aber nur zu oft die causae primae sind, und nur da wahrhaft erfaßt
werden, wo sie nicht nur empirisch, sondern auch metaphysisch, d. h.
philosophisch erfaßt werden, Hegel hat die natürlichen Gründe und
Ursachen, die Fundamente der genetisch-kritischen Philosophie auf die
Seite gesetzt. Aus dem Extrem eines hyperkritischen Subjektivismus
sind wir mit der absoluten Philosophie in das Extrem eines unkritischen
Objektivismus gestürzt.[73]

Über die Lösung des Problems des Verhältnisses von Subjektivem
und Objektivem war Feuerbach selbst sich noch nicht klar. In der

Dissertation 1828 hatte er die Ratio als das Wesen des Menschen und die Menschlichkeit des Individuums als Partizipation an Vernunft beschrieben. Das war ein rationalistisch-intellektualistischer Entwurf, der in seiner argumentativen Schlichtheit hinter die Kopflastigkeit Hegelscher Spekulation zurückgefallen war. Doch war Feuerbach insofern schon 1828 über Hegel hinaus auf dem Wege zu einer dialogischen Anthropologie, wenn sie auch hier noch im panlogistischen Gewande erscheint. Die *Gedanken über Tod und Unsterblichkeit* gehen über die panrationalistische, panlogische Position der *Dissertation* hinaus und sehen in der *Liebe* die Unendlichkeit in der Endlichkeit, die Ewigkeit in der Zeit und die Aufhebung der Grenze von Ich und Du in der Verschmelzung beider. Liebe ist für ihn 1830

Hallische Jahrbücher

für

deutsche Wissenschaft und Kunst.

Herausgegeben

von

Dr. Arnold Ruge

und

Dr. Theodor Echtermeyer.

Erster Jahrgang.

1838.

Leipzig,
Verlag von Otto Wigand.

zwar auch sinnliche Liebe, aber die sinnliche Liebe zwischen Mann und Frau ist eingebettet in eine kosmische, pantheistische, allumfassende Natureinheit, die ihre Herkunft aus den Anregungen von Giordano Bruno und Jakob Böhme ausdrücklich manifest macht. In seiner Streitschrift gegen Heinrich Leo – *Der wahre Gesichtspunkt aus welchem der Leo-Hegelsche Streit beurteilt werden muß* –, welche zunächst in den «Halleschen Jahrbüchern» 1839 erschien, dann für den letzten Teil der Schere des Zensors zum Opfer fiel und 1840 unter dem Titel *Über Philosophie und Christentum in Beziehung auf den der Hegelschen Philosophie gemachten Vorwurf der Unchristlichkeit* selbständig und komplett erschien – in dieser Streitschrift gegen Leo, der Hegel für die Drachensaat des radikalen Linkshegelianismus zunächst auf religionskritischem Gebiet, dann aber auch auf staatsphilosophischem und sozialtheoretischem Gebiet verantwortlich gemacht hatte, wird Feuerbachs Parteinahme für Hegel gegen Leo zugleich zu einem Vorwurf gegen den halbherzigen Hegel. Feuerbach wirft Hegel vor, nicht deutlich und unzweideutig genug gelehrt zu haben, was Leo und andere ihm fälschlicherweise vorwerfen getan zu haben, nämlich daß Gott nichts anderes sei als *der personifizierte Gattungsbegriff.* Leider ist Hegel nicht so, wie Leo ihm vorwirft, daß er sei. Hegel ist und bleibt ein Mann der *Vermittlung.* Aber *jede Vermittlung der Dogmatik und Philosophie ist eine erzwungene Vereinheitlichung, gegen die man ebenso im Namen der Religion wie im Namen der Philosophie protestieren muß. Alle religiöse Spekulation ist Eitelkeit und Lüge – Lüge gegen die Vernunft und Lüge gegen den Glauben – ein Spiel der Willkür.* So deutlich hatte Feuerbach bei aller schon 1828 vorhandenen und dann stärker werdenden Kritik am Hegelschen Bei-sich-selbst-sein und Bei-sich-selbst-bleiben der Vernunft bisher noch nicht gegen Hegel polemisiert. Jetzt nennt er den nicht mehr natürlichen und naiven, sondern gelehrten philosophischen Glauben der spekulativen Gelehrten *eine erkünstelnde Treibhauspflanze, ein raffiniertes Reflexionsprodukt des Unglaubens*[74]. Der moderne (Un-) Glaube ist ein heuchlerischer: *O, Ihr Heuchler und Lügner! Die Früchte des alten Glaubens wollt Ihr im Jenseits genießen, aber im Diesseits Euch unterdessen die Früchte des modernen Unglaubens köstlich schmecken lassen.*[75] Zu den Heuchlern gehören jetzt für Feuerbach nicht nur bloß rationalistische und pietistische Theologen, jetzt wird die Spekulation insgesamt – und was ist Hegels philosophisches System in seinen Augen jetzt anderes als spekulative Theologie – mit in diesen Topf von Hoffart, Autolatrie, Egoismus und innerlicher Unwahrhaftigkeit geworfen.

Das hier angeschnittene Thema der *Gattung* wird Feuerbach im *Wesen des Christentums* weiterbeschäftigen; mit der dort gegebenen Antwort wird er nicht lange zufrieden sein und sie weiterentwickeln,

Hegel. Gemälde von Jack Schlesinger, um 1825

bis hin zu seinen Programmschriften der Jahre 1842/43. Gleichzeitig
mit der Studie über Leo und Hegel arbeitet Feuerbach am *Wesen des
Christentums.* Von diesen Vorstudien sind uns Bruchstücke einer im
Jahre 1839/40 entstandenen Schrift erhalten, die sich mit der Gattungsproblematik beschäftigt. In dieser Schrift stellt Feuerbach ein-

leitend fest: *Es gibt ein Leben der Gattung im Unterschiede von dem Leben der Individuen, aber beides so verbunden, daß das Individuum nicht ohne die Gattung bestehen (nicht Substanz hat), die Gattung nicht ohne das Individuum erscheinen (nicht Sein hat), oder sich verwirklichen kann. Das Leben der Gattung ist also ein verborgenes, geheimes, das Leben des Individuums ist ein offenbares oder das offenbare Leben. Im Einzelnen ist das gesetzmäßige Leben das Gattungsleben, das freie willkürliche Leben ist das individuelle Leben im Individuum. Das Individuum ist nur frei im Individuellen, bestimmt im Allgemeinen in der Art, der Gattung des Individuellen. Die Wolfsmilchraupe lebt nur auf der Wolfsmilch. Ob sie auf dieser Staude lebt oder nicht, ist eins . . . aber an die Gattung dieser Staude ist sie gebunden. Das Faktum der Religion – nur der Mensch, nicht das Tier hat Religion – gründet sich auf die differentia specifica des Menschen, d. h. in der Fähigkeit zu einem Akt, in dem und durch welchen einem Wesen, einem Individuum, sein Wesen, seine Gattung Gegenstand ist.* Am konkretesten ist die Gattung Gegenstand des Menschen im Sozialtrieb; der *Geschlechtstrieb* ist nicht erfüllbar ohne ein Du, einen geliebten Mitmenschen. *In der Befriedigung der anderen Triebe bin ich vollkommen Herr; ich brauche das Objekt lediglich zu meinen Zwecken; ich bin zwar bedürftig, aber ich beabsichtige in der Bedürftigkeit zugleich die Nichtigkeit des Objekts. Aber im Geschlechtstrieb erfülle ich mich als Teil, der eben deswegen seine Ergänzung sucht; ich suche zwar zuvörderst auch nur den Genuß, aber ich kann nicht genießen, ohne mich selbst zum Substrat, zum Mittel des Genusses für das Objekt zu machen. Der Geschlechtstrieb hebt die Selbständigkeit des Individuums auf.* Der Geschlechtstrieb ist der Selbsterhaltungstrieb der Gattung, der *Begattungsakt die Selbstrealisation der Gattung. Die Gattung überhaupt ist, was die Menschen aneinander fesselt.* Feuerbach nennt Liebe und Familie die *innigsten Daseinsformen der Gattung. Das Familienband ist stärker als das Band, welches den Menschen an seine Existenz knüpft. Die Familienglieder können nicht sein ohne einander. Der Mensch macht sich hier zum Glied eines Ganzen.* Die Verallgemeinerung des auf den Anderen Angewiesenseins und des zu dem Anderen Hingezogenseins von der sexuellen Zweierbeziehung zur Familie wird weitergeführt mit der These: *Die Gattung existiert aber nicht nur in dem Geschlechtstrieb und den darauf bezüglichen Formen, wie Liebe und Familie, sie existiert auch in allgemeineren, objektiveren Formen. Alle sogenannten psychologischen oder pneumatologischen Vermögen, die alle nach in allen Menschen gleichen, inneren Gesetzen und Verhältnissen wirken, sind nichts als die Kräfte der Gattung, durch die sie uns beherrscht. Nur dieser besondere Inhalt dieser Vermögen, wie auch das, was ich besonders fühle, liebe, denke, welches geschöpft ist aus dem Kreis und Umfang meiner Individualität, ist mein eigen.*

Was ich denke ist frei, hängt von meiner Individualität ab, aber wie ich denke ist nicht mein. Die Gattung ist nicht ein das Individuum belastendes stammesgeschichtliches Erbe, sie ist vielmehr Herausforderung für den Einzelnen, Angebot und Herausforderung, die Schranke der egozentrischen Individualität zu durchbrechen. Der Mensch ist keine fensterlose Monade. Was der Sexualtrieb so unwiderlegbar plausibel demonstriert, läßt sich zu einer allgemeinen These über das Wesen des Menschen als in Sozialität und Sensualität gegründet, erweitern. Die Sozialbeziehungen, die sexuellen, die ökonomischen, die intellektuellen, die kulturellen sind nicht eine zusätzliche erfreuliche oder nützliche Möglichkeit des individuellen Lebens – sie sind mehr, sie sind überhaupt erst das Medium, in dem der Mensch als Mensch lebt und wächst und reift, das Medium in dem er s i c h zur Persönlichkeit und seine U m w e l t zu einer kulturellen Welt aufbaut. *Die Gattung ist nicht nur die Einheit von Mann und Weib, sie ist auch die Einheit von Ich und Du. Der andere Mensch, auch wenn sein Unterschied zu mir nicht der Geschlechtsunterschied ist, gehört ebenso zur Integration des Menschen. Ich werde an dem Anderen erst bewußt der Menschheit. Das Weib gibt mir nur das Gefühl, daß ich Mann bin; der Andere, daß ich Mensch bin, daß wir gleich sind. Das Bewußtsein meiner im Bewußtsein des Anderen, und umgekehrt, ist das Bewußtsein der Gattung. Der Andere macht mir erst mein eigenes Wesen gegenständlich. Er ist mir daher kein gleichgültig Anderer, er ist mein Du, wie umgekehrt ich sein Du bin. Er hat die bestimmte Bedeutung meines Alter Ego. Ich bin selbst ein anderer Mensch geworden, seit ich, früher der Einsame, ihn schaute. Andere unbekannte Gefühle, Ansichten, Gesinnungen sind jetzt in mir erwacht. In Liebe, Freundschaft, Recht wird die Gattung zur moralischen Person. So kommt es, folgert Feuerbach, daß der Mensch solche Potenzen vergöttern, personifizieren kann.*[76] Was Feuerbach hier im Jahre 1840 entwickelt, hatte zunächst nur die Funktion, ihm selbst die Bedingungen der Möglichkeit religiöser Projektion plausibel zu machen. Unter der Hand gerät ihm aber die Studie zu einer phänomenologischen Analyse des Anderen und der Mitmenschlichkeit. Die Herausforderung des Anderen und die Zunahme an Welt-, Lebens- und Menschenkenntnis bei mir selbst in der Begegnung mit diesem Anderen, das ist die Einsicht in das Faktum der menschlichen Gleichheit als natürlicher Ungleichheit. Diese natürliche Ungleichheit ist weder ein Mangel noch ein Übel, sondern ein großartiges Angebot. Ich suche den Anderen, den Mitmenschen – nicht nur im Sexuellen –, und ich und er wachsen in dieser sexuellen, ökonomischen, rechtlichen, kulturellen und intellektuellen Sozialbeziehung über unsere bisherigen beschränkten und unvollkommenen Verhältnisse hinaus. Feuerbach führt diese Gedanken später in den *Grundsätzen der Philosophie der Zukunft* fort. Er entfaltet sie aber weder hier noch später genügend deutlich genug zu einer ausgebreiteteren Theorie des Menschen, der Kultur und der Institutionen. Das ändert nichts an der Tatsache, daß Feuerbach als erster in der neueren Ideengeschichte die Sexualität und Sinnlichkeit philosophisch aus dem Gattungsbegriff entwickelte. Mit Recht gab daher Alfred Schmidt seinen verbreiteten Feuerbach-Buch den Titel: «Emanzipatorische Sinnlichkeit». Feuerbach hatte seine These von der die Einsamkeit, Verlorenheit, Endlichkeit und Sterblichkeit des Individuums überwindenden Gattung, deren Wesensmerkmal das Modell emanzipatorischer Sinnlichkeit und Mitmenschlichkeit ungleicher Partner ist, entworfen gegen die panlogische These, die nur zum Schein die Schranken der Individualität sprengen konnte, nämlich nur am Schreibtisch und in der Logik. Der Panlogismus hatte die Natur, insbesondere die Natur des Menschen, nicht ernst genommen und sie nur aus der Vernunft als deren Anderssein abgeleitet. Diese Konfrontation mit der akademischen Philosophie – Hegel eingeschlossen – brachte Feuerbach in seinen Schriften 1840 bis 1844 ein bemerkenswertes Echo. Der Grund des heutigen Interesses an Feuerbach hängt vor allem mit dieser These vom «Wesen des Menschen» als emanzipatorischer Sinnlichkeit zusammen, die Front macht gegen neue Formen panlogischer und rationalistischer «Objektivitäten» in Konsummechanismen, Bürokratie und Organisation. Diese neuen, dem Individuum entgegenstehenden und es in seinen Entfaltungsmöglichkeiten einschränkenden, ja krank machenden Objektivitäten, sind ebenso wie die der Religion Projektionen des sehnsüchtigen, hungrigen und räsonierenden Menschen, nur sind es keine Objekte in Dogmengeschichten und Büchern; es sind Objekte, in denen Projektionen verdinglicht wurden, sie sind Realität, sie sind unsere Umwelt. Bei Max Stirner rief der Anblick des zufällig im Schlaf entblößten Körpers seiner Frau Ekel und Abscheu vor jeder weiteren körperlichen und sexuellen Beziehung mit ihr hervor; der Einzige zog sich in sich selbst zurück und schrieb eine intellektuelle Fingerübung über das Wesen des Menschen als des «Einzigen und seines Eigentums»[77]. Für Feuerbach ist der S e x u a l t r i e b das elementarste Erlebnis, dessen jeder Mensch fähig ist, und das die Schranken des in sich verkehrten und auf sich selbst nur bezogenen Individuums sprengt und zum Du werden läßt. Aus der sexuellen Ich-Du-Beziehung werden alle weiteren Sozial- und Kulturbeziehungen abgeleitet. Das macht das faszinierend Emphatische und Emanzipatorische dieses Ansatzes aus; das ist der Grund, aus dem immer wieder junge Menschen sich von einer solchen Position her ansprechen lassen. Was hier noch fehlt ist das Verständnis für die gehörige Portion an Egoismus, Bösartigkeit und einfach Herrschsucht und Machtbedürfnis, der uns allen doch auch zu eigen ist. Diese «Triebe» scheinen sich – das weiß auch die moderne Psychologie – mit den bei Feuerbach zum alleinigen und ursprünglichen Trieb der Sexualität vielfältig zu mischen, auszugleichen, aufzuschaukeln und zu potenzieren. Eine Theorie von Gattung, in der der Einzelne nicht nur in der Liebesbegegnung mit dem Du oder im philosophischen Dialog mit dem geschätzten Kollegen aus seiner Einsamkeit heraustritt, sondern in der er auch zu Zwecken von Machtbefriedigungsbedürfnissen, Karriereabsichten und schlichtem Profitwunsch mit seinem Mitmenschen, dem Anderen, verkehrt – eine solche Theorie von Gattung würde eine eher an Thomas Hobbes erinnernde Lehre von der Kultur und den Institutionen entwickeln müssen. Erst in den späten Studien der sechziger Jahre hat Feuerbach dem Egoismus einen wichtigen und realistischen Platz in seinen moralphilosophischen Überlegungen eingeräumt. Aber schon 1840 hatte er klar und deutlich erkannt, daß Gleichheit unter uns Menschen immer zuerst die natürliche Ungleichheit ist, die herausfordert, fasziniert und kultiviert, und die überhaupt erst eine menschliche Gemeinschaft und eine Kultur ermöglicht, in der jeder das Recht auf kulturelle Ungleichheit, das heißt Recht auf allseitige Entwicklung seiner individuellen Anlagen in einer pluralistischen Gesellschaft und in einer sozialen und sensualen Kultur haben kann. *Das Tier weiß nicht, daß es Tier ist, aber der Mensch weiß, daß er Mensch ist. Die Einheit des Menschen mit seiner Gattung ist eine durch das Bewußtsein, durch den Unterschied, den Zwiespalt vermittelte Einheit. Worin im Menschen die Einheit mit seiner Gattung liegt, eben darin liegt der Unterschied. Das Bewußtsein der Gattung ist für den Menschen zunächst nur da als Bewußtsein anderer Menschen. Er vergleicht sie mit anderen Menschen, oder die anderen mit sich – es entsteht Neid und Dünkel. Er fühlt sich beschränkt, mangelhaft; Andere haben, was er nicht hat, oder haben möchte. Die anderen lassen ihn ihre Superiorität fühlen. Er hält sie für vollkommene Wesen. Aber er ertappt sie auf Schwächen, die er nicht hat, er entdeckt Mängel, die er nicht hat. Er findet sich daher getäuscht. Er wird unzufrieden mit den Menschen, wie er mit sich selbst, im Gefühl seiner Beschränktheit, ist. Und weil er sich weiß als Menschen, weil er sich seiner Gattung bewußt ist und sich eben daher mit der Gattung identifiziert, so erscheint ihm die menschliche Gattung als etwas höchst beschränktes, bemitleids- und belachenswertes; er setzt daher über sie andere Wesen als höhere, in denen er wegläßt, was er an der Menschheit bemitleidet oder belächelt . . . Er stellt sich Luftgestalten vor, aber die wesentliche Gestalt ist immer die menschliche. Er kennt keine höhere Gestalt als die menschliche, aber diese ist nur die Erscheinung des inneren Wesen.* So sieht Feuerbach klar und deutlich, wie andere menschlichen Eigenschaften und wie die Zufälligkeit der Umstände den mitmenschlichen Beziehungen nicht eitel Lust und Sonnenschein bereiten. Er zieht daraus aber zunächst nicht den

Schluß nach einer komplexeren philosophischen Theorie der Gattung, sondern verhält sich wesentlich kritisch-analytisch, wenn er dem religiösen Projektionsmechanismus nachspürt. Er findet ihn dort, wo aus enttäuschten Sozialkontakten oder gescheiterten Kulturbeziehungen Unzufriedenheit und Ekel umschlagen in krankhaften Rückzug aus dem «Jammertal» dieser «bösen» Welt. Gott als Gattungsbegriff ist eine satanfreie Konstruktion des unglücklichen Bewußtseins aus den erstrebten Fähigkeiten, Zielen und Hoffnungen dieses Bewußtseins selbst – der Rest an Bewußtseinsinhalten, Erfahrungsschätzen und Vermögensdefiziten bleibt dem Satan (der «Realität»). Das ist der kulturgeschichtliche und sich ständig im Einzelnen wiederholende Ursprung der metaphysischen Weltverdopplung. Wenn nur in der Sexualität des Menschen die Schranken seiner Individualität gesprengt werden können, würde er dieses krankhafte Weltverhalten nicht einsehen. Aber der Einzelne partizipiert an der Gattung auch in und mit der Sprache und in und mit dem Denken. *Das Denken ist die Unterscheidungstätigkeit des Wesens von der Erscheinung und dadurch die Beziehung des Wesens auf sich selbst. Das Denken ist ein Distinktionsprozeß, wo ich etwas von seinen fremden Bestandteilen reinige, befreie von den Beschränkungen, von den Hemmungen, die seine Talente, seine Anlagen nicht zur freien angemessenen Entwicklung kommen ließen. Das Denken ist der Emanzipationsakt der Dinge und Wesen aus den Banden, in die sie die äußere Notwendigkeit geworfen. Das Denken ist ein Akt der Souveränität, ein herrischer Akt. Es ist das Allerseligenfest, das Auferstehungsfest.* Das Denken wird unmittelbar nur durch seine sich in der Praxis dokumentierenden Vollzüge. Aber wie die Liebe, so ist auch Denken nicht nur als praktische Tätigkeit realisierbar, Denken und Liebe sind mittelbar auch in der Sprache. Die Sprache ist *das Vereinigungsmittel zwischen Ich und Du, das Mittel wodurch ich zum Bewußtsein der Menschheit komme.* Sie ist das *Licht der Menschheit. – Durch die Rede wird der Mensch zum Menschen, durch die Rede erst seiner bewußt, durch die Rede erst lernt er denken. Denken ist ursprünglich nur ein Zwiegespräch zwischen mir und dem Anderen. Frage und Antwort sind die ersten Faktoren des Denkens. Es ist ein späterer Standpunkt der Kultur, den Dialog in einen Monolog zu verwandeln. Erst im Gespräch entwickeln und entzünden sich die Gedanken. Zum Denken gehören ursprünglich Zwei. Denken ist ein geistiger Begattungsakt.*

Kritik der reinen Unvernunft

Als mit Datum vom 30. März 1841 bei der Universität Erlangen die Aufforderung des bayerischen Innenministers eintraf, den Privatdozenten Ludwig Andreas Feuerbach aus der Liste der Hochschullehrer zu streichen, war das Werk, das Feuerbach endgültig berühmt machen sollte, bereits im Druck: *Das Wesen des Christentums.* Vierhundert Gulden bekam Feuerbach für die 1. Auflage. Er hatte bis zum Schluß im Januar 1841 an diesem Buch gearbeitet und in der letzten Phase wesentliche Teile neu geschrieben, vor allem die ausführliche Einleitung. Die uns im Nachlaß vorliegende *Gattungsschrift* dürfte der von Feuerbach nicht mehr verwendete erste Entwurf gewesen sein. Das neue Vorwort ist stringenter und schneidet nicht so viele Aspekte des Verhältnisses von Allgemeinem und Einzelnem an. Es ist knapp, präzise in der These und hat die Funktion einer allgemeinen Präsentation des Problems und seiner Lösung. Die komplexe Gattungsproblematik wird Feuerbach in den Jahren 1842 bis 1845 in den Programmschriften zur *Philosophie der Zukunft* und zur *Reformation der Philosophie* weiterbehandeln, und auch in dem kleinen Aufsatz zum *Wesen der Religion.* Der Titel *Wesen des Christentums* stammt vom Verleger Otto Wigand; er ist ein Beispiel dafür, daß wohl oft, aber nicht immer, der Verleger dem Autor den richtigeren und zugkräftigeren Titel liefert. Feuerbach hatte sein Buch als Gegenstück und nach dem Vorbild von Kants alleszermalmendem und epochemachendem Werk, der «Kritik der reinen Vernunft» komponiert. Er wollte es *Kritik der reinen Unvernunft* nennen. Nicht aus Furchtsamkeit des Autors, sondern aus Gründen der Wirkung und Vermarktung sollte die *Kritik der reinen Unvernunft* anonym erscheinen, denn *die Anonymität übt einen mächtigen Reiz aus.* Wir sollten das Buch auch eigentlich so nennen, wie Feuerbach es seinem Verleger vorschlug; denn nicht nur der ideenpolitische Anspruch, sondern auch die formale Analogie zur «Kritik der reinen Vernunft» sind unübersehbar. Die Einleitung Feuerbachs steckt wie die Kantischen Vorreden den Rahmen ab für die beiden folgenden Hauptteile und entfaltet die These von der kopernikanischen Wende der Denkungsart. Der transzendentalen Ästhetik und Analytik entspricht der erste Teil der *Kritik der*

Das Wesen

des

Christenthums

von

Ludwig Feuerbach.

Leipzig:

Otto Wigand.

1841.

reinen Unvernunft: Die Religion in ihrer Übereinstimmung mit dem Wesen des Menschen; hier wird positiv die Leistungsfähigkeit des menschlichen Wesens in der Gestaltung von «göttlichen» Werten analysiert und demonstriert. Zugleich wird die beschränkte Leistungsfähigkeit des menschlichen Intellekts vorgeführt. Der transzendentalen Dialektik und Methodenlehre entspricht der zweite Teil der *Kritik der reinen Unvernunft: Die Religion in ihrem Widerspruch mit dem Wesen des Menschen;* die Gebäude der Dogmatik werden gemäß der zuvor entwickelten Methode zum Einsturz gebracht und die krankhafte Intellektualität der religiösen Projektion entlarvt. *Die Methode, in welcher hier die Religion behandelt wird, könnte man im Unterschied von der purlauteren spekulativen Methode, deren indirekte Kritik eben hier gegeben wird, bezeichnen als die spekulativ-empirische, die spekulativ-rationelle oder auch, wie ich sie anderwärts nannte, die genetisch-kritische. Nur in Folge dieser Methode lösen sich die schwierigsten Rätsel auf eine ebenso tiefsinnige als verständliche, ebenso einfache als fruchtbare Weise auf. – So theoretisch oder spekulativ aber der Gegenstand ist, so liegt doch zugleich der Schrift ein tief praktisches Interesse zu Grunde: das, wie die Geschichte und tägliche Erfahrung lehrt, ebensowohl im Leben der Individuen als im Leben der Völker so unheilvolle theologische – ja, nennen wir es offen – religiöse Prinzip, das die Köpfe unserer Regenten und selbst unserer großen Philosophen betört hat, sollte hier bis in seine letzten spekulativen Anhaltspunkte hinein verfolgt und beleuchtet werden. Ohne dieses praktische Interesse wäre es mir unmöglich gewesen, so viel Kraft und Zeit auf mir so ferne liegende Gegenstände zu verwenden. –* Das Phänomen der Religion ist für Feuerbach also nicht Selbstzweck für die Kritik, es ist für ihn nur ein Exempel, mit dem er das Fundament zu einer neuen Wissenschaft legt, indem hier die Religionsphilosophie als die esoterische, die geheime Anthropologie oder Psychologie erfaßt und dargestellt wird.[78]

Die Einleitung besteht aus zwei Kapiteln, deren erstes *Das Wesen des Menschen im Allgemeinen* beschreibt und deren zweites *Das Wesen der Religion im Allgemeinen* ableitet. Die entscheidende These, die die kopernikanische Wende markiert, lautet: *Die Religion ist das Bewußtsein des Unendlichen; sie ist also und kann nichts anderes sein, als das Bewußtsein des Menschen von seinem, und zwar nicht endlichen beschränkten, sondern unendlichen Wesen.*[79] Und im Schlußkapitel des Buches heißt es, die Konsequenzen aus der Explikation dieser erkenntnistheoretischen Umwertung ziehend: *Wir haben bewiesen, daß der Inhalt und Gegenstand der Religion ein durchaus menschlicher ist, bewiesen, daß das Geheimnis der Theologie die Anthropologie, des göttlichen Wesens das menschliche Wesen ist.*[80] Was Feuerbach Beweis nennt, ist, wie so oft in der Wissenschaft, gar

Ludwig Feuerbach. Zeichnung von Erich Correns

nichts anderes als die konsequente methodische Anwendung einer und nur einer These zur Interpretation einer vielschichtigen und komplexen Problematik. Auf dieser Konsequenz beruht bis heute die Wirkung dieses Buches. Die neue Wissenschaft ist die *Psychologie*, die *Wissenschaft vom natürlichen Menschen*. Sie hat keine andere Aufgabe, *als das Ich zu definieren, um aus den verschiedenen Verhältnissen des Ich in sich selber verschiedene Prinzipien zu deduzieren*[81], so wird Feuerbach es ein Jahr später in den *Vorläufigen Thesen zur Reformation der Philosophie* formulieren.

Das *Wesen des Menschen im allgemeinen* wird von *Vernunft, Wille und Herz* bestimmt. Sie sind die den Menschen *beseelenden, bestimmenden und beherrschenden Mächte, denen er keinen Widerstand entgegensetzen kann*. Diese Mächte treiben ihn, sich zu bewähren und zu gestalten in der Arbeit an und der Ausrichtung auf Gegenstände und Objekte. *Der Mensch ist nichts ohne Gegenstand. Aus dem Gegenstand erkennst Du den Menschen; an ihm erscheint Dir sein Wesen: Der Gegenstand ist sein offenbares Wesen, sein wahres objektives Ich.* Diese auf pragmata, auf Taten zielende Aktivität des Menschen schafft sich nun krankhafterweise ein Gedankenobjekt, dem es seine eigenen Eigenschaften anhängt. Feuerbach beschreibt nichts anderes als was die Psychoanalyse später Projektion nennt: *Die Religion zieht die Kräfte, Eigenschaften, Wesensbestimmungen des Menschen vom Menschen ab und vergöttert sie als selbständige Wesen – gleichgültig ob sie nun, wie im Polytheismus, jedes einzeln für sich zu einem Wesen macht, oder, wie im Monotheismus, alle in ein Wesen zusammenfaßt.* Die Macht des so geschaffenen göttlichen Gegenstandes – Gott ist kein selbständiges Subjekt, sondern ein produzierter Gegenstand! – ist also im Grunde die *Macht des eigenen Wesens* des Menschen über sich selbst.[82] Nur das menschliche Wesen hat die Fähigkeit, an seiner Unendlichkeit zu zweifeln, weil es im Gegensatz zum Tier die Differenz zwischen Gattung und Individuum erkennt. *Macht es gleichwohl seine Schranken zu Schranken der Gattung, so beruht dies auf der Täuschung, daß es sich mit der Gattung unmittelbar identifiziert, – eine Täuschung, die mit der Bequemlichkeitsliebe, Trägheit, Eitelkeit und Selbstsucht des Individuums aufs Innigste zusammenhängt. Eine Schranke nämlich, die ich bloß als meine Schranke weiß, demütigt, beschämt und beunruhigt mich. Um mich daher von diesem Schamgefühl, von dieser Unruhe zu befreien, mache ich die Schranken meiner Individualität zu Schranken des menschlichen Wesens selbst.*[83] So sind die im Bewußtsein der Differenz von Gattung und Einzelnem dem Menschen gegebenen Chancen, menschlich und mitmenschlich zu leben, zugleich die Bedingungen der Möglichkeit, in der Herausforderung zu versagen und sich in krankhafte nebulöse Projektionen zu verlieren. Wie diese religiösen Projektionen auch immer aussehen mögen, es sind die durch die Gattung bestimmten und limitierten. *Der Mensch kann nun einmal nicht über sein wahres Wesen hinaus. Wohl mag er sich vermittelst der Phantasie Individuen anderer, angeblich höherer Art vorstellen, aber von seiner Gattung, seinem Wesen, kann er nimmermehr abstrahieren; die Wesensbestimmungen, die positiven letzten Prädikate, die er diesen anderen Individuen gibt, sind immer aus seinem eigenen Wesen geschöpfte Bestimmungen, – Bestimmungen, in denen er in Wirklichkeit sich selbst abbildet und vergegenständlicht.*[84]

Das Wesen der Religion im allgemeinen beschreibt die Sonderfälle, die Exempel *im Verhältnis des Subjekts zum religiösen Gegenstand.* Hier gilt: *Wie der Mensch denkt, wie er gesinnt ist, so ist sein Gott. So viel Wert der Mensch hat, so viel Wert und nicht mehr hat sein Gott. Das Bewußtsein Gottes ist das Selbstbewußtsein des Menschen. Die Erkenntnis Gottes die Selbsterkenntnis des Menschen. Gott ist das offenbare Innere, das angesprochene Selbst des Menschen; die Religion ist die feierliche Enthüllung der verborgenen Schätze des Menschen, das Eingeständnis seiner innersten Gedanken, das öffentliche Bekenntnis seiner Liebesgeheimnisse.* Für die kopernikanische Wende in der Selbstverständigung des Menschen über sich selbst war es eine wissenschaftspolitische Notwendigkeit, die *Kritik der reinen Unvernunft* zunächst an und mit der Religion, und hier wieder in und an der am nächsten liegenden, der christlichen, zu demonstrieren. Das wissenschaftstheoretische Konzept der *Kritik der reinen Unvernunft* ist jedoch kein bloß religionswissenschaftliches. *Die Religion geht überall der Philosophie voraus, wie in der Geschichte der Menschheit, so auch in der Geschichte des Einzelnen. Der Mensch verlegt sein Wesen zuerst außer sich, ehe er es in sich findet.*[85] Deshalb die Kritikstrategie Feuerbachs: zunächst die *Kritik der reinen Unvernunft* im Christentum, dann in der Religion im allgemeinen und schließlich in der Philosophie aufzudecken und erst danach Grundthesen für eine *Reformation der Philosophie* und eine *Philosophie der Zukunft* zu entwickeln.

Die Durchführung des wissenschaftstheoretischen und ideenpolitischen Konzepts besteht schlicht und einfach darin, daß nun im ersten Hauptteil der *Kritik der reinen Unvernunft* die christlichen Dogmen psychologisch – *genetisch-kritisch,* wie Feuerbach sagt – auf ihre anthropologischen Inhalte zurückgeführt werden, wobei es nicht ohne Trivialitäten, die aber taktisch gemeint sind, abgeht. Der zweite Teil zeigt die Selbstwidersprüche der Dogmen und der Wundergeschichten auf. Trotz der vernichtenden und ganz und gar parteiischen Kritik am Christentum macht Feuerbach immer wieder deutlich, daß es sich hier um *kein nur verneinendes,* sondern *ein kritisches Werk* handelt, wie auch die «Kritik der reinen Vernunft» kein bloß verneinendes, sondern ein kritisches, ein positives Buch war, das einen neuen Anfang machte. So entspricht die *Kritik der reinen Unvernunft*

Kant. Gemälde von Döbler, 1781

nicht nur in Aufbau und Methode, sondern auch in ideenpolitischer Zielsetzung ganz der «Kritik der reinen Vernunft». Der zweite Teil wendet die Ergebnisse des ersten an und löst die bisherigen Denkgebäude in Selbstwidersprüche und Tautologien auf. Der erste Teil zeigte die Grenzen und innerhalb der Grenzen die Möglichkeiten der Betätigung des intellektuellen Vermögens der menschlichen Gattung. Gegenüber den anspruchsvollen kantischen transzendentalen Deduktionen der reinen Verstandesbegriffe sind die *kritisch-genetischen Erklärungen* Feuerbachs trivial. Aber das ist Absicht. Das verwendete Material aus der Glaubensgeschichte dient auch eigentlich nicht zur Begründung der These von der Projektion; es ist bloß Illustration, ja oft bloß Garnierung zur vielfältig wiederholten und von Anfang an feststehenden These. Feuerbach war so sehr von seiner Projektionsthese überzeugt, daß er nicht überblicken konnte, wie wenig die Beispiele zum B e w e i s seiner Erklärung dienten, wie sie höchstens Plausibilisierungen lieferten für etwas, das man entweder so annahm, wie es behauptet wurde, oder nicht annahm. Feuerbachs beharrliches Suchen nach immer weiteren Belegen, Schriftstellen und Zitatenmunition demonstriert diese methodische Unklarheit. Kant hatte zur Erläuterung seiner These von der Leistungsunfähigkeit des Menschen auf dem Gebiet der Metaphysik die anschauliche Geschichte erzählt, daß ein Taler in der Hand mehr Wert darstelle als 100 bloß gedachte Taler. Feuerbach würde *genetisch-kritisch* analysieren, was es denn mit den 100 gedachten Talern nun faktisch auf sich hat, warum ich sie mir denke, wünsche, was ich mit ihnen tun würde, warum ich von ihnen träume. Gegen Feuerbach ließe sich einwenden, daß unabhängig von allen Sehnsüchten und Ängsten, die ich um diese 100 gedachten Taler ausstehe, diese psychologischen Zustände doch gar nichts darüber sagen, ob nicht doch irgendwo 100 Taler faktisch vorhanden sind. Daß ich von einer Sache träume, besagt nur, daß sie mir aktuell als ein Traum erscheint – das ist trivial. Aber es besagt gar nichts darüber, daß sie nicht unabhängig von meinem Traum existieren könnte.

Der Streit um
«Das Wesen des Christentums»

Das Wesen des Christentums brachte den Namen Ludwig Feuerbach mit einemmal in aller Mund. Die «Augsburger Allgemeine Zeitung» übte scharfe Kritik und stellte Feuerbach als den radikalsten der radikalen Hegelianer dar. Johannes Müller, ein protestantischer Theologe, warf Feuerbach einseitige Auswahl des Belegmaterials aus katholischem und mystisch-pietistischem Schrifttum vor.[86] Feuerbachs Reaktion auf Müllers Vorwurf ist interessant und zeigt seine Unzugänglichkeit gegenüber methodischer Kritik. *Meine Schrift hat die seltsame Eigenschaft, daß ihre Wahrheit umso mehr bestätigt wird, je mehr sie von den modernen Christen und Theologen angegriffen und verworfen wird.*[87] Die grundsätzliche Bedeutungslosigkeit seiner Zitatenmunition für Beweis oder Widerlegung seiner Projektionsthese wird ihm nicht genügend deutlich. Einen anderen Vorwurf von Müller versteht er um so besser, nämlich den, daß er bisher keine Belege aus dem protestantischen Christentum bringe und daß Feuerbachs These deshalb für den Protestantismus eigentlich nicht gelten könne. Feuerbach studiert daraufhin im Winter 1842/43 ausführlich und zum erstenmal Martin Luther und garniert die 2. Auflage des *Wesen des Christentums* mit mehr als 100 Zitaten, die oft nicht einmal argumentativ eingebaut, sondern teilweise bloß an den Schluß von Abschnitten oder Kapiteln angehängt werden. Das gleiche methodische Verständnis, daß ein Zitat schon für sich selbst spreche und keine andere als die Feuerbachsche Interpretation zulasse, dokumentiert sich auch in Feuerbachs kleiner Studie, in welcher er seine eigene Position gegen die von David Friedrich Strauß absetzt. Dieser Text mit dem Titel *Luther als Schiedsrichter zwischen Strauß und Feuerbach* besteht faßt ausschließlich aus einem langen Luther-Zitat, an dessen Schluß es dann lapidar heißt: *In diesen wenigen Worten habt Ihr eine Apologie der ganzen Feuerbachschen Schrift. Macht Euch frei von den Begriffen und Vorurteilen der bisherigen spekulativen Philosophie, wenn Ihr anders zu den Dingen, wie sie sind, d. h. zur Wahrheit kommen wollt. Und es gibt keinen anderen Weg für Euch zur Wahrheit und Freiheit als durch den Feuer-bach.*[88] Und was die Kennzeichnung der Feuerbachschen Religionskritik als einer radikalisierten Form der Hegelschen

Religionsphilosophie betrifft, so lehnt Feuerbach jetzt eine solche Deutung ganz und gar ab. *Die Hegelsche Religionsphilosophie schwebt in der Luft, meine steht mit zwei Beinen auf dem heimatlichen Boden der Erde. Es ist allerdings eine Tatsache, daß es bereits soweit gekommen ist bei uns, daß Philosophie und Professor der Philosophie absolute Widersprüche sind. Mit dem Austritt der Philosophie aus der Fakultät beginnt daher eine neue Periode der Philosophie.*[89]

Die kritischen Theoretiker der nachhegelschen Zeit jedoch, Bruno Bauer, Marx, Stirner, fanden die Feuerbachsche Wende gar nicht so kopernikanisch. Stirner warf ihm vor, nicht eigentlich aus der intellektuellen Versklavung herausgekommen zu sein. Feuerbach habe den Gott zwar aus dem Himmel vertrieben, damit aber «nur in die Menschenbrust gejagt und mit unvertilgbarer Immanenz beschenkt. Nun heißt es, das Göttliche ist das wahrhaft Menschliche! Sittlichkeit und Frömmigkeit sind nun ebenso synonym als am Anfang des Christentums, und nur weil das höchste Wesen ein anderes geworden, heißt ein

Das

Wesen des Glaubens

im Sinne Luther's

Ein Beitrag

zum

„Wesen des Christenthums"

Von

Ludwig Feuerbach.

Leipzig, 1844.
Verlag von Otto Wigand.

Luther.
Holzschnitt von
Lucas Cranach d. J.,
1546

‹heiliger› Wandel nicht mehr ‹heiliger›, sondern ‹menschlicher›. Hat die Sittlichkeit gesiegt, so ist ein vollständiger Herrenwechsel eingetreten.»[90] Bruno Bauer nennt Feuerbach «den größten Mystiker aller Zeiten»; er «hat an die Stelle des geistigen Gottes einen absoluten Monarchen, der nicht mehr mit sich schalten und walten läßt, wie jener teilnahmslose, außerweltliche Gott, einen Vampir, der alles Mark und Blut dem Menschenleben aussaugt, gesetzt. Er betet die Sinnlichkeit an. Ihr bringt er das Opfer der physischen und psychischen Welt, sich selbst.»[91] Den beiden Vertretern dieser elitären Intellektualität antwortet Feuerbach mit einer sozialphilosophischen Rechtfertigung des Wesens des Religiösen und seiner eigenen «Halbherzigkeit» in der Interpretation und Aneignung dieses Wesens. *Nur die Gattung ist imstande, die Gottheit, die Religion aufzuheben zugleich und zu ersetzen. Keine Religion haben, heißt: nur an sich selbst denken; Religion haben: an Andere denken. Und diese Religion ist die allein bleibende, wenigstens solange, als nicht ein einziger Mensch nur auf Erden ist; denn so wie wir nur zwei Menschen, wie Mann und Weib haben, so haben wir auch schon Religion. Zwei, Unterschied ist der Ursprung der Religion – das Du, der Gott des Ich, denn ich bin nicht*

77

ohne Dich; ich hänge vom Du ab; kein Du – kein Ich.[92] So erscheint die linkshegelianische kritische Theorie in Feuerbachs Augen als die noch über den Rationalismus und die Hegelsche monologisierende Professorenphilosophie hinausgehende Hypertrophie des egozentrisch gewordenen «Einzigen».

Die moderne Theologie hat in ähnlicher Weise wie Feuerbach von religionsloser Interpersonalität gesprochen und wie Feuerbach in der metaphysikträchtigen traditionellen Religion und Theologie einen Verlust an humaner Substanz gesehen. Namen wie Dietrich Bonhoeffer und J. A. T. Robinson seien erwähnt. Feuerbach hatte die vertikale Beziehung des Verhältnisses von Gott und Mensch und die daraus erst abgeleitete Beziehung von Mensch zu Mensch, die sich im Christentum nach Feuerbachs Interpretation nur über Gott vermittelt, verworfen zugunsten einer nur noch horizontalen Kommunikationsebene zwischen Mensch und Mitmensch; Gott wurde total funktionslos. Die zeitgenössische anthropologische und dialogische Theologie entdeckt nun gerade in dieser interpersonalen Ich-Du-Beziehung des Menschen Gottes Offenbarung, im Ich-Du-Verhältnis die Gnade des Gelingens der Sozialbeziehung oder die Strafe des Scheiterns oder Mißverstehens.[93] So gibt es eine moderne Theologie, die erst aus dem Slogan «Gott ist tot» – in Verleugnung also des transzendenten Gottes – sich Erneuerung und humane Emanzipation erhofft. Gegenüber solcher ganz auf Feuerbacher Position stehenden Theologie lenkt Oswald Bayer auf den von Feuerbach so geschätzten Luther zurück und auf Luthers These vom deus absconditus und vom deus per se ipse: «Es ist die Lebensfrage gegenwärtiger Theologie, ob sie fähig ist, gegenüber Feuerbach und denen, die heute seine idealistische Identitätsprämisse teilen, Luthers scharfe Polemik gegen die scholastischen Theologen zu erneuern, die träumen, daß der Glaube eine in der Seele latente Qualität sei, die angesprochen und aktualisiert werden könnte. Der Glaube hat zu reden von der befreienden Differenz zwischen Gott und Mensch, die bleibt.»[94] Feuerbach hatte ein Gespür für die fruchtbare Herausforderung dieser Differenz; das wurde in der Gattungsschrift deutlich und auch im Zurückweisen der monologisierenden Kritik des Einzigen. Seine eigenen Erfahrungen mit der Religion und seine ideenpolitischen und kulturgeschichtlichen Studien hatten ihn jedoch auf einen Weg gebracht, der nun keine neue Rechtfertigung des Christentums mehr zuließ, sondern der die D i f f e r e n z in der Begründung eines neuen diesseitigen Humanismus fruchtbar machen wollte.

Von der zeitgenössischen theologischen und philosophischen Kritik an Feuerbachs anthropologischer Destruktion des christlichen Jenseits bleibt die breite und tiefe ideengeschichtliche und kulturelle Wirkung seiner Religions- und Metaphysikkritik für das 19. Jahrhundert – und bis hin in unsere Zeit – unberührt. Gottfried Keller, der 1848/49 in Heidelberg Feuerbachs Vorlesungen über das Wesen der Religion hörte, schrieb am 21. Februar 1849 seinem Freund Baumgartner begeistert: «Für die poetische Tätigkeit aber glaube ich neue Aussichten und Grundlagen gewonnen zu haben, denn erst jetzt fange ich an, Natur und Mensch so recht zu packen und zu fühlen, und wenn Feuerbach weiter nichts getan hätte, als daß er uns von der Un-Poesie der spekulativen Theologie und Philosophie erlöste, so wäre das schon ungeheuer viel. Ich bin froh, endlich eine bestimmte und energische philosophische Anschauung zu haben.»[95] In Gottfried Kellers Roman «Der grüne Heinrich» (1854/55) erscheint Ludwig Feuerbach als der «bestrickende Vogel, der auf einem grünen Aste sitzt und mit seinem monotonen, tiefen und klassischen Gesang den Gott aus der Menschenbrust wegsingt»[96]. Kein anderer als Friedrich Engels hat fast 50 Jahre später in seiner kritischen Abrechnung mit Feuerbach vom Standpunkt des wissenschaftlichen Sozialismus noch einmal die befreiende Wirkung festgehalten, die *Das Wesen des Christentums* in der intellektuellen und akademischen Welt ein Jahrzehnt nach Hegels Tod hervorrief: «Die Hegelsche Schule war aufgelöst, aber das Hegelsche System war nicht kritisch überwunden. Strauß und Bauer nahmen jeder eine ihrer Seiten heraus und kehrten sie polemisch gegen die andere. Feuerbach durchbrach das System und warf es einfach beiseite . . . Man muß die befreiende Wirkung dieses Bruchs selbst erlebt haben, um sich eine Vorstellung davon zu machen. Die Begeisterung war allgemein: Wir waren alle momentan Feuerbachianer.»[97]

Reformation der Philosophie

Die menschgewordene Philosophie ist allein die positive, d. i. wahre Philosophie. Die einfachsten Wahrheiten sind es gerade, auf die der Mensch immer erst am spätesten kommt. So ging dem einfachen Kopernikanischen System das verwickelte Ptolemäische System voraus.[98] Diese kopernikanische Wende, die Feuerbachs Philosophie einzuläuten beansprucht, besteht nur vordergründig in der Aufhebung der metaphysischen Seinsdopplungen in Philosophie und Religion. Die Aufhebung der transzendenten Realität ist vielmehr erst die Folge eines neuen Philosophiebegriffs und eines neuen erkenntnistheoretischen und anthropologischen Ansatzes. Die Struktur der Feuerbachschen metawissenschaftlichen Revolution begreift sich nicht als Ergebnis eines kontinuierlichen ideengeschichtlichen Diskussionsprozesses, sondern als das Ergebnis eines Bruchs mit der Geschichte der neueren Philosophie. Für dieses Selbstverständnis eines reformatorischen Neuansatzes ist es belanglos, daß er faktisch aus den Diskussionszusammenhängen vor allem der Grundfragen der Hegelschen Philosophie nach dem Verhältnis von Einzelnem und Allgemeinem, von Individuum und Gesellschaft, von Natur und Geschichte hervorgegangen ist. Feuerbach erinnert daran, daß Leibniz, Spinoza, Bruno und Campanella keine Universitätsphilosophen gewesen seien und daß das *Licht der neueren Philosophie* immer schon gegen die Fakultätsphilister habe durchgesetzt werden müssen. Hegel philosophierte als Professor und Doktor . . . *also in einer akademischen Schranke und Qualität, ich aber als Mensch, als purer blanker Mensch.* Eine Philosophie, die *als Sache einer besonderen Fakultät* auftritt und es versäumt, den Menschen auch als Gegenstand anderer Fakultäten und als Subjekt von Alltagserfahrungen zu sehen, bleibt *als Sache des bloßen abgesonderten Denkens isoliert und entzweit den Menschen.* Zur Sache der Philosophie gehört *nicht nur der Actus purus des Denkens, sondern auch der Actus impurus oder mixtus der Leidenschaft, der sinnlichen Rezeptivität, die uns allein in den sinnlichen Konflux der wirklichen Dinge versetzt.* Hegel hat zwar die Philosophie als *eine abstrakte Fakultät überwunden,* aber eben nur *in abstracto,* und deshalb gehört er noch in das *Alte Testament der neuen Philosophie.*[99]

Nach Abschluß der Arbeiten an der ersten Auflage des *Wesen des Christentums* schrieb Feuerbach an Ruge, daß die Religionsphilosophie und Theologie nunmehr für ihn wohl erledigt sei und er hoffe, bald dazu zu kommen, *auch in die Philosophie eine Brandfackel zu schleudern*[100]. Was im *Wesen des Christentums* 1841 paradigmatisch am Beispiel der religiösen Projektion vorgeführt worden war, wird 1842/43 in programmatischen Kampfschriften generalisiert. 1842 entstanden *Vorläufige Thesen zur Reformation der Philosophie*, die 1843 mit anderen für Ruges «Deutsche Jahrbücher» abgelieferten Beiträgen der sächsischen Zensur zum Opfer fielen und in der Schweiz in dem Sammelband «Anekdota zur neuesten deutschen

Grundsätze

der

Philosophie der Zukunft.

Von

Ludwig Feuerbach.

Zürich und Winterthur.
Verlag des literarischen Comptoirs.
1843.

§. 57.

Die der Wahrheit gemäße Einheit von Kopf und Herz besteht nicht in der Auslöschung oder Vertuschung ihrer Differenz, sondern vielmehr nur darin, daß der wesentliche Gegenstand des Herzens auch der wesentliche Gegenstand des Kopfs ist — also nur in der Identität des Gegenstandes. Die neue Philosophie, welche den wesentlichen und höchsten Gegenstand des Herzens, den Menschen, auch zum wesentlichen und höchsten Gegenstand des Verstandes macht, begründet daher eine vernünftige Einheit von Kopf und Herz, von Denken und Leben.

§. 58.

Die Wahrheit existirt nicht im Denken, nicht im Wissen für sich selbst. Die Wahrheit ist nur die Totalität des menschlichen Lebens und Wesens.

§. 59.

Der einzelne Mensch für sich hat das Wesen des Menschen weder in sich als moralischem, noch in sich als denkendem Wesen. Das Wesen des Menschen ist nur in der Gemeinschaft, in der Einheit des Menschen mit dem Menschen enthalten — eine Einheit, die sich aber nur auf die Realität des Unterschieds von Ich und Du stützt.

§. 60.

Einsamkeit ist Endlichkeit und Beschränktheit, Gemeinschaftlichkeit ist Freiheit und Unendlichkeit. Der Mensch für sich ist Mensch (im gewöhnlichen Sinn); Mensch mit Mensch — die Einheit von Ich und Du ist Gott.

Philosophie und Publizistik» veröffentlicht wurden. 1843 erschien dann ebenfalls in der Schweiz die kleine Broschüre *Grundsätze der Philosophie der Zukunft.* Aus der gleichen Zeit stammt ein von Feuerbach unveröffentliches Manuskript *Notwendigkeit einer Veränderung,* von Karl Grün 1874 im wesentlichen Inhalt und dann 1969 komplett von Carlo Ascheri ediert.[101]

§. 61.

Der absolute Philosoph sagte oder dachte wenigstens, analog dem L'état c'est moi des absoluten Monarchen und L'être c'est moi des absoluten Gottes — von sich, als Denker natürlich, nicht als Menschen: la vérité c'est moi. Der menschliche Philosoph sagt dagegen: ich bin auch im Denken, auch als Philosoph Mensch mit Menschen.

§. 62.

Die wahre Dialektik ist kein Monolog des einsamen Denkers mit sich selbst, sie ist ein Dialog zwischen Ich und Du.

§. 63.

Die Trinität war das höchste Mysterium, der Centralpunkt der absoluten Philosophie und Religion. Aber das Geheimniß derselben ist, wie im Wesen des Christenthums historisch und philosophisch bewiesen wurde, das Geheimniß des gemeinschaftlichen, gesellschaftlichen Lebens — das Geheimniß der Nothwendigkeit des Du für das Ich — die Wahrheit, daß kein Wesen, es sei und heiße nun Mensch oder Gott oder Geist oder Ich, für sich selbst allein ein wahres, ein vollkommnes, ein absolutes Wesen, daß die Wahrheit und Vollkommenheit nur ist die Verbindung, die Einheit von wesensgleichen Wesen. Das höchste und letzte Princip der Philosophie ist daher die Einheit des Menschen mit dem Menschen. Alle wesentlichen Verhältnisse — die Principien verschiedener Wissenschaften — sind nur verschiedene Arten und Weisen dieser Einheit.

Die *Vorläufigen Thesen zur Reformation der Philosophie* setzen ein mit einem ideengeschichtlichen Rückblick, der die Funktion der *Anamnese* in der Krankengeschichte des europäischen Denkens haben soll. Es geht Feuerbach weder um Philosophiegeschichte noch um Wissenschaftsgeschichte oder Ideologiegeschichte im engeren Sinne, sondern um Bewußtseinsgeschichte in diagnostischer Absicht.

Die einzelnen Stadien der Bewußtseinskrankheit sind nur Varianten des einen krankhaften Zustandes, des *Hinaussetzens* der krankhaften Projektion. Unter therapeutischen Gesichtspunkten ist es auch völlig überflüssig, genau zu ermitteln, wie die verschiedenen Stadien des entfremdeten Bewußtseins sich auseinander entwickelten und ineinander verwickelten. Spekulative Theologie, spekulative Philosophie, Theismus, Pantheismus, Monotheismus, Polytheismus, Atheismus, aber auch Hegelianismus, Cartesianismus und Spinozismus sind nur verschiedene Formen und Stadien krankhaften Weltverhaltens nach dem gleichen Desintegrationsmodell. Feuerbach versucht auch gar nicht erst die präzis-penible definitorische und systematische Unterscheidung dieser Positionen; er benutzt die philosophischen und religionsphilosophischen Termini ohne Präzisierungsanspruch schlicht als *triviale Spitznamen.* Das gilt auch für den Hegelianismus: *Der «absolute Geist» ist der «abgeschiedene Geist», welcher in der Hegelschen Philosophie noch als Gespenst umgeht.* In Theologie und Religion erscheint der *Gespensterglaube* als *sinnliche Imagination,* in der Philosophie als *unsinnliche* Abstraktion. Die *Methode der reformatorischen Kritik der spekulativen Philosophie* braucht daher im Übergang von der Religionskritik zur Philosophiekritik nicht einmal die Instrumente zu wechseln: *Wir dürfen nur immer das Prädikat zum Subjekt und so als Subjekt zum Objekt und Prinzip machen – also die spekulative Philosophie nur umkehren, so haben wir die unverhüllte, die pure, blanke Wahrheit.*[102] – Aus der bewußtseinsmedizinischen Anamnese ergibt sich die Diagnose: Ursache der *Entfremdung* ist das *Abstrahieren,* also die sinnliche oder rationale Projektion von Willens- und Bewußtseinsinhalten in eine zweite hypostasierte Welt hinein – die dann die *eigentliche,* die *göttliche,* die *Welt der Idee* genannt wird. *Abstrahieren heißt, das Wesen der Natur außer der Natur, das Wesen des Menschen außer den Menschen, das Wesen des Denkens außer den Denkakt zu setzen. Die Hegelsche Philosophie hat den Menschen sich selbst entfremdet, indem ihr ganzes System auf diesen Abstraktionsakten beruht. Sie identifiziert zwar wieder, was sie trennt, aber nur auf eine selbst wieder trennbare, mittelbare Weise.*[103] Dieser Begriff von Entfremdung hat so ganz und gar nichts mit dem von Marx zu tun, aber auch nichts mehr mit dem von Hegel. Er ist daher auch kein Übergang vom Hegelschen Begriff des «unglücklichen Bewußtseins» zum Marxschen Entfremdungsbegriff. Er ist vielmehr eine Alternative sowohl zum politökonomischen Schema der Entfremdung wie zur Hegelschen Phänomenologie des Bewußtseins; und das mag auch der Grund dafür sein, daß Feuerbach nie die Marxschen Thesen als «Weiterentwicklung» seines eigenen Ansatzes hat verstehen können und daß er auch nicht an Hegels Philosophie «anknüpfen» wollte.

Feuerbach hatte schon 1830 *die verkehrte Weise* der traditionellen Philosophie an zwei Tatbeständen kritisiert: 1. Die alte Philosophie setzt das Unendliche außerhalb des Endlichen und ihm gegenüber. 2. Die alte Philosophie trennt Sinnlichkeit und Rationalität, Geist und Leben. – Das kranke und heilungsbedürftige Organ, das den Menschen von sich selbst und von der Welt entfremdet, ist das Bewußtsein. Nur eine kopernikanische Wende in der Denkungsart kann diese Entfremdung aufheben. *Der Philosoph muß das im Menschen, was nicht philosophiert, was vielmehr gegen die Philosophie ist, dem abstrakten Denken opponiert, das also, was bei Hegel nur zur Anmerkung herabgesetzt ist, in den Text der Philosophie aufnehmen.* Die angemaßte Suprematie der Vernunft und die eigenwillige Desintegration des Kopfes sind Ursache und Symptom des ganzen Menschen, so wie in der Äsopschen Fabel die Desintegration des Magens Ursache nicht nur für sein eigenes Leid, sondern für das des ganzen Körpers ist. Die Reintegration des Kopfes in das funktionale Zusammenspiel der menschlichen Organe bedeutet, daß nunmehr *Kopf* und *Herz* gemeinsam *Werkzeuge* und *Organe* der Philosophie sind. *Der Kreis ist das Symbol, das Wappen der spekulativen Philosophie, des nur auf sich selbst sich stützenden Denkens – die Ellipse dagegen ist das Symbol der sinnlichen Philosophie, des auf die Anschauung sich stützenden Denkens.*[104]

Die kopernikanische erkenntnistheoretische Wende der *Philosophie der Zukunft* lautet daher: *Der Mensch denkt, nicht das Ich, nicht die Vernunft. Die neue Philosophie stützt sich also nicht auf die Gottheit, d. i. Wahrheit der Vernunft allein für sich, sie stützt sich auf die Gottheit, d. i. Wahrheit des ganzen Menschen. Oder: sie stützt sich wohl auch auf die Vernunft, aber auf die Vernunft, deren Wesen das menschliche Wesen, also nicht auf eine wesen-, farb- und namenlose Vernunft, sondern auf die mit dem Blute des Menschen getränkte Vernunft. Wenn daher die alte Philosophie sagte: nur das Vernünftige ist das Wahre und Wirkliche, so sagt dagegen die neue Philosophie: nur das Menschliche ist das Wahre und Wirkliche; denn das Menschliche nur ist das Vernünftige; der Mensch das Maß der Vernunft.*[105] Der Wahrheitsbegriff der nicht reformierten Philosophie war abstrakt, ihr Objektbegriff leer. *Der Begriff des Objekts ist ursprünglich gar nichts anderes als der Begriff eines andern Ich – so faßt der Mensch in der Kindheit alle Dinge als freitätige, willkürliche Wesen auf – daher ist der Begriff des Objekts überhaupt vermittelt durch den Begriff des Du, des gegenständlichen Ich. Nicht dem Ich, sondern dem Nicht-Ich in mir, um in der Sprache Fichtes zu reden, ist ein Objekt, d. i. anderes Ich gegeben; denn nur da, wo ich aus einem Ich in ein Du umgewandelt werde, wo ich leide, entsteht die Vorstellung einer außer mir seienden Aktivität, d. i. Objektivität.*[106]

Auch die kantische transzendentale Erklärung von Raum und Zeit als Erscheinungsformen, als der äußeren Bedingung der Möglichkeit von Erkenntnis muß in der Philosophie der Zukunft revidiert werden. Der Raumbegriff ist nur aus der sinnlichen Erfahrung selbst abzuleiten. *Dasein ist das erste Sein, das erste Bestimmtsein. Hier bin ich – das ist das erste Zeichen eines wirklichen, lebendigen Wesens. Der Zeigefinger ist der Wegweiser vom Nichts zum Sein. Hier ist die erste Grenze, die erste Scheidung. Hier bin ich, dort Du; wir sind außer einander; darum können wir beide sein, ohne uns zu beeinträchtigen; es ist Platz genug. Die Sonne ist nicht da, wo der Merkur, der Merkur nicht da, wo die Venus, das Auge nicht da, wo das Ohr usw. Wo kein Raum, da hat auch kein System Platz. Die Ortsbestimmung ist die erste Vernunftbestimmung, auf der jede weitere Bestimmung Fuß faßt. Mit der Verteilung an verschiedene Orte – aber mit dem Raume sind unmittelbar verschiedene Orte gesetzt – beginnt die organisierende Natur. Nur im Raume orientiert sich die Vernunft. Wo bin ich? ist die Frage des erwachsenden Bewußtseins, die erste Frage der Lebensweisheit. Beschränkung in Raum und Zeit ist die erste Tugend, die Ortsdifferenz die erste Differenz des Schicklichen vom Unschicklichen, die wir dem Kinde, dem rohen Menschen beibringen. Dem rohen Menschen ist der Ort gleichgültig, er tut alles an jedem Orte ohne Unterschied; der Narr desgleichen. Narren kommen darum zur Vernunft, wenn sie sich wieder an Zeit und Ort binden. Verschiedenes an verschiedene Orte zu stellen, räumlich zu scheiden, was qualitativ verschieden, das ist Bedingung jeder Ökonomie, selber der geistigen.*[107] – Die neuere Philosophie suchte seit ihrem Ausgang aus dem mittelalterlichen Denken *etwas unmittelbar Gewisses.* Der Cartesianische sogenannte Neuansatz wiederholte aber nur die theologischen erkenntnistheoretischen Begründungsschemata. Statt konsequent beim Menschen – und das heißt: beim Menschen aus Fleisch und Blut – anzufangen, sichert Descartes sein cogito ergo sum über den altüberlieferten Projektionsmechanismus mittels eines methodisch motivierten Gottesbeweises ab. Descartes mißtraute der Sinnlichkeit ebensosehr, wie die mittelalterliche Theologie der Sinnlichkeit mißtraute. *Die Sinne, sagt Cartesius, geben keine wahre Realität, kein Wesen, keine Gewißheit – nur der von den Sinnen abgezogene Verstand gibt Wahrheit. Woher dieser Zwiespalt zwischen dem Verstande und den Sinnen? Nur aus der Theologie kommt er. Gott ist kein sinnliches Wesen, er ist vielmehr die Negation aller Bestimmungen der Sinnlichkeit, wird nur erkannt durch die Abstraktion von derselben; aber er ist Gott, d. h. das allerwahrste, allerrealste, allergewisseste Wesen. Woher soll also Wahrheit in die Sinne kommen – in die Sinne, die geborene Atheisten sind? Gott ist das Wesen, bei dem sich die Existenz nicht vom Wesen, vom Begriffe absondern läßt, das gar nicht anders denn als seiend gedacht werden*

Descartes.
Stich von
E. Edelinck
nach Frans Hals

kann. Cartesius verwandelt dieses objektive Wesen in ein subjektives,
den ontologischen Beweis in einen psychologischen, das Cogitatur
Deus ergo est in Cogito ergo sum.[108] Klar und distinkt, aber – nämlich
im eigentlichen Sinne *wahr und göttlich ist nur, was keines Beweises*
bedarf, was unmittelbar durch sich selbst gewiß ist, unmittelbar für sich
spricht und einnimmt, unmittelbar die Affirmation, daß es ist, nach sich
zieht – das schlechthin Entscheidene, schlechthin Unzweifelhafte, das
Sonnenklare. Aber sonnenklar ist nur das Sinnliche; nur wo die Sinn-
lichkeit anfängt, hört aller Zweifel und Streit auf. Das Geheimnis
unmittelbaren Wissens ist die Sinnlichkeit.[109] Schon in seiner Dissertation 1828 hatte Feuerbach dem Descartes vorgeworfen, daß die Frage
nach der eigenen Existenz ein Scheinproblem sei und daß, wenn das
cogitare etwas demonstriere, dann dieses: cogito, ergo sum omnes
homines – Beweis der Existenz der Gattung, nicht der Existenz des
Einzelnen. Gegen die sogenannte Philosophie der neuen Zeit, die in
Feuerbachs Augen immer noch eine Philosophie der *alten* (theologi-

Ludwig Feuerbach. Gemälde von Karl Rahl

schen) Zeit ist, formuliert die *neue* (menschliche) Philosophie: *die Liebe ist der wahre ontologische Beweis vom Dasein eines Gegenstands außer unserm Kopfe – und es gibt keinen andern Beweis vom Sein als die Liebe, die Empfindung überhaupt. Das, dessen Sein Dir Freude, dessen Nichtsein Dir Schmerz bereitet, das nur ist. Der Unterschied zwischen Objekt und Subjekt, zwischen Sein und Nichtsein ist ein ebenso erfreulicher als schmerzlicher Unterschied.*[110]

Die neue Philosophie, die nun endgültig mit der alten gebrochen hat und die eine Philosophie der Zukunft ist, kann daher auch für die

Praxis den *kategorischen Imperativ* formulieren: *Wolle nicht Philo-soph sein im Unterschied vom Menschen, sei nichts weiter als ein denkender Mensch; denke nicht als Denker, d. h. in einer aus der Totalität des wirklichen Menschenwesens herausgerissenen und für sich isolierten Fakultät; denke als lebendiges, wirkliches Wesen, als welches Du den belebenden und erfrischenden Wogen des Weltmeers ausgesetzt bist; denke in der Existenz, in der Welt als ein Mitglied derselben, nicht im Vakuum der Abstraktion, als eine vereinzelte Mo-nade, als ein absoluter Monarch, als ein teilnahmloser, außerweltlicher Gott – dann kannst Du darauf rechnen, daß Deine Gedanken Einhei-ten sind von Sein und Denken.*[111] Erst ein Denken, das gemäß diesem kategorischen Imperativ überhaupt nur Realität erfahren kann und über die *formale Identität – die Identität des Denkens mit sich selbst – hinauskommt,* wird auch einsehen, daß die bisherigen formalen und abstrakten Anforderungen an die Gültigkeit der Wirklichkeitserfah-rung unrealistisch waren. Der Wirklichkeitsbegriff der vorreformato-rischen Philosophie und Wissenschaft war einfach falsch: *Das Wirk-liche ist im Denken nicht in ganzen Zahlen, sondern nur in Brüchen darstellbar. Diese Differenz ist eine normale – sie beruht auf der Natur des Denkens, dessen Wesen die Allgemeinheit ist, im Unterschied von der Wirklichkeit, deren Wesen die Individualität.*[112]

Die zukünftige Philosophie und ihr Wahrheitsbegriff wird sowohl den *Idealismus* wie auch den *Empirismus* überwinden müssen. Der Idealismus hatte recht, wenn er den Ursprung der *Ideen im Menschen* suchte, aber er war im Unrecht, wenn er die Ideen *aus dem Ich ohne ein sinnlich gegebenes Du ableiten* wollte. Der Empirismus hatte recht, wenn er den Ursprung unserer Ideen *von den Sinnen* ableitete, aber er vergaß, *daß das wichtigste, wesentlichste Sinnesobjekt des Menschen der Mensch selbst ist, daß nur im Blicke des Menschen in den Men-schen das Licht des Bewußtseins und Verstandes sich entzündet. Nur durch Mitteilung, nur aus der Konversation des Menschen mit dem Menschen entspringen die Ideen. Nicht allein, nur selbander kommt man zu Begriffen, zur Vernunft überhaupt. Zwei Menschen gehören zur Erzeugung des Menschen – des geistigen so gut wie des physischen: die Gemeinschaft des Menschen mit dem Menschen ist das erste Prinzip und Kriterium der Wahrheit und Allgemeinheit.*[113] So liegt die Zukunft der Philosophie nicht etwa in einer Wiederherstellung des Empiris-mus oder der common-sense-Philosophie gegen die Transzendental-philosophie und den Idealismus. Die Philosophie der Zukunft ist vielmehr eine *kritische Theorie,* die insgesamt die traditionelle Philo-sophie – sei es nun Idealismus oder Empirismus – überwindet in einer neuen *humanistischen Philosophie,* deren Grundprinzipien die der Sensualität und Individualität sind. Feuerbachs Konsenstheorie der Wahrheit ist deshalb weder bloß eine solche, die nur Übereinstim-

mung im analytischen Urteil und im vernünftigen Räsonnement an-
strebt, noch gar eine, die an die Reziprozität von Verhaltenserwartun-
gen glaubt. Für sie gibt es keinen einfachen rationalen Konsens und
keine durch Dialog erzielbare oder erzwingbare Uniformität von
Interessen. Der Konsens stellt sich *nur in Brüchen* dar. Der natürlichen Gleichheit des rationalen Vermögens steht die natürliche Ungleichheit der Individualität in Geschlecht, Alter, Rasse, Tempera-
ment und Interesse – *im Du* – entgegen. Das Naturvermögen der
natürlichen Gleichheit und Ungleichheit wird in der Philosophie der
Zukunft befreit zum Menschenrecht auf die Realisierung der Individualität von Ich und Du in einer humanen, vom Menschen für den
Menschen aufgebauten Kultur, Gesellschaft und Philosophie. Wie
Rousseau in seiner Abhandlung von 1750 sich an die Mitglieder der
Wissenschaftlichen Akademie nicht in ihrer Eigenschaft als Akade-
miemitglieder, sondern als Menschen, als «tugendhafte» und «recht-
schaffende» Männer wendet[114], so ist der Adressat von Feuerbachs
thesenhaften Programmschriften wie auch seiner mit Zitatenmunition befrachteten, gelehrten Schriften der Mensch *als Ich und Du* –
der Mensch im Wissenschaftler, im Theologen, im Mann, in der Frau,
der Mensch, der praktisch schon ungläubig geworden ist, sich aber
immer noch theoretisch zu einer Kirche oder philosophischen Schule
rechnet und der Angst hat, aus seiner selbstverschuldeten Unmündig-
keit sich zu befreien.[115]

Feuerbach und Marx

Im März 1842 lud Bruno Bauer, Freund und Mentor des leitenden Redakteurs der «Rheinischen Zeitung», Karl Marx, den im fernen Bruckberg lebenden Feuerbach zur Mitarbeit an dieser Zeitung ein: «Die Brüder zu Köln haben mir aufgetragen, Ihnen mit dem christlichen Gruß zu melden, wie viel sie von Ihrem Eifer für die gerechte und ewige Sache auch zugunsten einer Zeitung erwarten, die, da sie sich nun einmal nicht mit schönen Gebeten erfüllen kann, gern Arbeiten haben möchte, mit denen sie dem Bösen und Widerwärtigen zu widerstehen vermag. Außer den allgemeinen politischen Verwicklungen und Verhältnissen gibt Ihnen Bayern in politischer und kirchlicher Beziehung soviel Stoff, Ihre Ritterschaft zu beweisen. Ihre Lenden sind umgürtet mit Wahrheit, Sie sind an Beinen gestiefelt, nehmen Sie Ihren Helm des Geistes und das Schwert des Geistes auch recht oft, um einen Ritterzug zu tun zu Gunsten der Rheinischen Zeitung. Kommen Sie ja, denn wir haben zu kämpfen mit Fürsten und Gewalten.»[116] Der Ton dieses Briefes erinnert an die «Posaune des jüngsten Gerichtes wider Hegel den Atheisten und Antichristen», die Bauer 1841 anonym hatte erschallen lassen und in der er seine nicht nur ideengeschichtliche, sondern auch allgemeinpolitische Fortschrittsstrategie durch Provokation und Eskalation mit einer radikal einseitigen Hegel-Interpretation untermauerte. Die Strategie weltgeschichtlicher Emanzipation durch zunehmende Trennung – nicht Vermittlung, nicht Dialektik – von Fortschrittlichem und Rückschrittlichem sollte am Ende der Eskalationen von Gegensätzen mit einem Schlag dem «Neuen» zum Siege über das absterbende «Alte» verhelfen. Diese Provokationsstrategie hatte Bauer bereits nach einem langwierigen Prozeßverfahren seine Bonner Professur gekostet. Die Radikalisierung und das schließliche Verbot der einflußreichen «Deutschen Jahrbücher» von Arnold Ruge gehen auch auf Bauers Konto. Bauer hatte seinem Freund Marx vorgeschlagen, sich bei ihm in Bonn mit einer großen Arbeit zur Theorie der Revolution nach apokalyptisch-antithetischem Modell zu habilitieren. Fragmente dieser weit ausgreifenden Versuche von Marx, am philosophiegeschichtlichen Modell der Spätantike die Funktion des «Selbstbewußtseins» im Sinne einer listig im Hintergrund bleibenden und den welthistorischen Prozeß eskalierend und revolutionierend antithetisch steuernden Vernunft zunächst in ihrer revolutionierenden Gesetzmäßigkeit zu beschreiben und diese erkannte Gesetzmäßigkeit des Umschlages danach für eine weitere Anwendung in der Gegenwart nutzbar zu machen, sind uns aus den Rahmenstudien zur Marxschen Dissertation überliefert.[117] Im Gegensatz zu Hegels dialektisch-vermittelnder Strategie intellektueller Kritik am Bestehenden gehen Bruno Bauer und Karl Marx in der Zeit ihrer gemeinsamen Arbeiten davon aus, daß das Maß an realisierter Vernunft in der Gegenwart so gering sei, daß es sich nicht lohne, daran vermittelnd im Hegelschen Sinne anzuknüpfen, sondern daß nur die Provokation die Fronten klarer, die Reaktionäre auch öffentlich als reaktionär und überlebt abstempeln und das Fortschrittliche nur freier und kompromißloser und lebenskräftiger machen werde. Bauer wendet diese kritische Theorie hemmungsloser Konfliktstrategie in den Jahren 1842 bis 1846 im Kreis der «Freien» in Berlin und in deren Zeitschriften und Broschürenfeldzügen gegen das Establishment immer radikaler an.[118] Von Friedrich Engels ist uns eine Zeichnung der Diskussionen in dieser Berliner Intellektuellenkultur aus Anlaß eines Besuches von Ruge überliefert, der das Projekt einer in Frankfurt zu gründenden privaten Freien Universität vortrug. Friedrich Engels hat auch die erste Analyse und Kritik dieser intellektualistischen Revolutionäre geschrieben, die in sich die Totalität der Vernunft und in der Welt die Totalität der Unvernunft als Gegensätze inkarniert sahen und erst nach der Scheidung des Guten vom Bösen den Tag des jüngsten Gerichtes erwarteten. Die zur Provokationswaffe umgedeutete Hegelsche Dialektik sollte nach Bruno Bauer «die Höllenmaschine, die den christlichen Staat in die Luft sprengen soll»[119] abgeben. Engels nannte seine karikierende, in Eposform vorgetragene Kritik an Bruno Bauers Intellektuellenstrategie «Die frech bedräute, jedoch wunderbar befreite Bibel. Oder: Der Triumpf des Glaubens. Das ist: schreckliche, jedoch wahrhafte und erkleckliche Historia von dem weiland Licentiaten Bruno Bauer; wie selbiger vom Teufel verführt, vom reinen Glauben abgefallen, Oberteufel geworden und endlich kräftiglich entsetzt ist. Christliches Heldengedicht in vier Gesängen».

Karl Marx, erst ganz unter dem Einfluß der Bauerschen Hegel-Verfälschung und des antithetischen Prozeß- und Handlungsmodells, sah dann aber mit zunehmender politischer Erfahrung als Redakteur in Köln das Selbstmörderische des Amoklaufs der reinen Kritik und ihrer Realitätsferne ein. Aus Berlin eingehende Beiträge nahm er schließlich nicht mehr auf, und seine eigenen Aufsätze zeigen ein konkreteres, analytischeres Durcharbeiten der zu kritisierenden, tatsächlichen politischen Verhältnisse im Rheinland. Für die «reine

Bruno Bauer

Kritik» war der Sinn der Publizistik erst erreicht, wenn der Zensor einschritt und in einem letzten Konflikt beide Seiten sich in ihrer Unversöhnlichkeit als Antithese gegenüberstanden, sich gegenseitig entlarvten und als die Bataillone des Guten und des Bösen in die letzte Entscheidungsschlacht gingen. Für Marx war zu dieser Zeit – ganz im Hegelschen Sinne – der Zweck der Publizistik nur erreichbar, wenn die Kritik unterhalb der Schwelle blieb, die den Zensor hätte zum Einschreiten bewegen müssen; ja, die Kunst der Redaktion bestand gerade darin, immer wieder pragmatisch und temperiert bis kurz vor

Karl Marx als Herausgeber der «Neuen Rheinischen Zeitung»

diese Schwelle zu gehen. Schließlich empfand Marx dann aber doch das Scheitern der «Rheinischen Zeitung» wie eine Erlösung. «Es ist schlimm, Knechtdienste selbst für die Freiheit zu verrichten und mit Nadeln statt mit Kolben zu fechten . . . Man verfälscht sich hier selbst.»[120] Mit diesen Kölner Erfahrungen verband sich für Marx aber auch die Einsicht, daß der Weg zurück zur reinen und kritischen Kritik des antithetischen Idealismus von Bauer, Stirner und Genossen nicht mehr möglich sei, weil diese «kritischen Kritiker» sich selbst als die Fünfte Kolonne der Reaktion entlarvt hatten. Demgegenüber ist Feuerbachs Kritikmethode für Marx in ihren Grundzügen akzeptabel. Mehr noch als das *Wesen des Christentums* machten Feuerbachs Programmschriften des Jahres 1843 Eindruck auf Marx. Und doch meldet er gleich Vorbehalte an, zwar nicht inhaltliche, aber solche der Zweckmäßigkeit. Er schreibt an Ruge: «Feuerbachs Aphorismen sind mir nur an dem Punkte nicht recht, daß er zu sehr auf die Natur und zu wenig auf die Politik hinweist. Das ist aber das einzige Bündnis, wodurch die jetzige Philosophie eine Wahrheit werden kann.»[121]

Im Sommer 1843 liest Marx dann zum erstenmal in Kreuznach den Text der Hegelschen Rechtsphilosophie, und zwar ohne die Brille der kritischen Kritik, die nur einseitige Zitatenmunition aus den Hegel-Texten herausgezogen hatte, zur Absicherung ihres eigenen manichäisch-antithetischen Handlungsmodells. Marx liest Hegel Zeile für Zeile und kritisiert ihn mit der von Feuerbach übernommenen «Umkehrmethode», der Methode der reformatorischen Kritik. Wenn zum Beispiel Hegel die Familie und die Institutionen des Staates aus der Idee des Staates ableitet, so wie die christliche Theologie die Liebe unter den Menschen aus der Liebe Gottes zu seinen Geschöpfen, formuliert Marx gegen Hegel: «Die Idee wird versubjektiviert, und das wirkliche Verhältnis von Familie und bürgerlicher Gesellschaft zum Staat wird als ihre imaginäre Tätigkeit gefaßt. Familie und bürgerliche Gesellschaft sind die Voraussetzungen des Staates; sie sind die eigentlich Tätigen; aber in der Spekulation wird es umgekehrt.» Hegel «hat zu einem Produkt, einem Prädikat der Idee gemacht, was ihr Subjekt ist. Er entwickelt sein Denken nicht aus dem Gegenstand, sondern den Gegenstand nach einem mit sich fertigen und in der abstrakten Sphäre der Logik mit sich fertig gewordenen Denken.»[122] Die Anwendung der Feuerbachschen reformatorischen Kritik auf Hegel treibt nun aber Marx zugleich auch über Feuerbach – und über seinen früheren Mentor Bauer – hinaus. – Die zwei Aufsätze in den «Deutsch-Französischen Jahrbüchern» gelten der Abrechnung mit diesen beiden Positionen, die ihn am meisten beeinflußt hatten. Die «Kritik der Religion» und die «Waffe der Kritik» waren notwendige Positionen, über die eine reformatorische «Kritik des Rechts» und eine «Kritik der Politik» hinausgehen muß: zur «Kritik der Waffen».

Die noch prozessual vorgehende Kritikstrategie Bauers, die eines nach dem anderen – Christentum, traditionelle Wissenschaft, Politik, Staat, Judenemanzipation, liberale Reformer – in ihren Feldzügen der Kritik als intellektuell erledigt abhakte, und Feuerbachs Kritik, gegen die Marx bei allem, was er an ihr methodisch gelernt hatte, schon 1842 einwandte, daß es jetzt mehr darum gehe, «die Religion in der Kritik der politischen Zustände als die politischen Zustände in der Religion zu kritisieren»[123] –, beide werden überwunden von Marx' Vision eines «Bündnisses von Philosophie und Proletariat» als *Kopf und Herz* des weltgeschichtlichen Individuums. Entfremdung ist für Marx nicht wie für Feuerbach der hypertrophe Prozeß intellektualistischer Überschätzung von Theorien, inklusive solcher über den Gang und die Gesetzlichkeit von Geschichte; Entfremdung ist für Marx der durch die Trennung von Kapital und Arbeit hervorgerufene Dissoziierungsprozeß zwischen den Menschen und in jedem einzelnen Menschen selbst. In einer letzten Anwendung des antithetischen idealistischen Handlungsmodells von Bauer verwandelt er den Bauerschen antithetischen Idealismus, der stolz war, ohne Verbündete auszukommen, in einen antithetischen «Materialismus», in dem die Philosophie endlich ihren Bündnispartner gefunden hat: das Proletariat (das Herz), die Massenbasis für die Philosophie (den Kopf). In der politischen Ökonomie findet Marx seit 1844 dann den Schlüssel, nach dem er schon in seinem großen Habilitationsprojekt gesucht hatte, den Schlüssel nämlich zu einer Ebene, von deren Gesetzlichkeit her sich eine Metawissenschaft muß ableiten lassen können, die nicht nur die Einsicht in die Gesetze des menschlichen Zusammenlebens und ihrer Miserabilitäten vermitteln kann, sondern die auch Anwendungsrezepturen aus diesen Studien vorrevolutionärer Prozesse für künftige Revolutionen nützlich zur Verfügung zu stellen vermag. Marx' spätere Schriften, die «Proudhonkritik», die «Grundrisse zur Kritik der politischen Ökonomie» und die Fragmente zum «Kapital» sind Stadien auf einem Wege, der entsprechend den Bauerschen antithetischen Handlungsmodell eine politökonomische Metawissenschaft zu Anwendungszwecken im weltgeschichtlichen Fortschritt weiterentwickelt. Marx setzt als guter Hegelianer auf die Geschichte, nur ist sein Prozeßmodell kein versöhnend-dialektisches, sondern ein revolutionär-antithetisches. Feuerbach hatte gegen Hegel – und damit auch gegen Marx und überhaupt gegen die ganze abendländische Hoffnung auf Geschichtsprozessualitäten – nicht auf die Geschichten von der Geschichte, sondern auf die Natur gesetzt und auf die zu allen Zeiten in gleichen oder vergleichbaren Situationen miteinander lebenden Menschen als Ich und Du. So bleibt für Marx die Beschäftigung mit Feuerbach in den Jahren 1843 und 1844 ein wichtiger Schritt, sein altes Projekt der Einsicht in die Geschichtsgesetze und

1843

Brief Feuerbachs an Marx, 1843

DEUTSCH-FRANZÖSISCHE

JAHRBÜCHER

herausgegeben

von

Arnold Ruge und Karl Marx.

———

1ste und 2te Lieferung.

PARIS,

IM BUREAU DER JAHRBÜCHER
AU BUREAU DES ANNALES.   } RUE VANNEAU, 22.

—

1844

ihrer Beherrschung zu Zwecken der Emanzipierung der Menschheit, wie er sie verstand, voranzutreiben. Unter Feuerbachs Perspektive aber erscheint die Marxsche Lösung, eine neue Metawissenschaft – und sei es in der Form der politischen Ökonomie – abermals als Basis für soziales und politisches Handeln zu verwenden, ein Rückfall in einen Theoriebegriff, der als vorreformatorisch entlarvt war, weil er nicht ernst machte mit der reformatorischen Entwicklung des Zusammenspiels von Kopf und Herz im realen Menschen (nicht in der

Menschheit: als Philosophie und Proletariat). Dieses vorreformatorische Theoriemodell machte ebenfalls nicht ernst mit der Einsicht, daß Welt und Menschen wegen des befreienden principium individuationis sich *nicht in ganzen Zahlen, sondern nur in Brüchen* darstellen lassen.

Die Auflösung der Theologie in die Anthropologie auf dem Gebiet des Denkens ist auf dem Gebiete der Praxis, des Lebens, die Auflösung der Monarchie in die Republik, hatte Feuerbach in der Zeit, als Marx, Bauer und Ruge um ihn warben und ihn zu politischer Tätigkeit überreden wollten, in sein Tagebuch geschrieben. Für die «Rheinische Zeitung» wie für die «Deutsch-Französischen Jahrbücher» lieferte Feuerbach keine Beiträge. Feuerbach hat Marx später nie expressis verbis kritisiert, anders als Marx es mit Feuerbach und mit Bauer tat. Aber nachmarxianisch und nachleninistisch liest sich Feuerbachs Kritik an der Monarchie wie eine Kritik an elitärer Herrschaft überhaupt, ob sie sich nun auf Geburtsadel oder Parteiadel gründete. *Der Dualismus, der Zwiespalt ist das Wesen der Theologie – der Zwiespalt das Wesen der Monarchie. Dort haben wir den Gegensatz von Gott und Welt, hier den Gegensatz von Staat und Volk.* Daß der Dualismus auf dem ideellen wie auf dem politischen Gebiet das Ergebnis fehlgeleiteter Imaginationskraft in «heilsgeschichtlicher» Desorientierung sei, das war Feuerbach ganz klar, und deshalb plädierte er *für die Natur und gegen die Geschichte. Die Einbildungskraft ist die Stärke der Theologie, und die Einbildungskraft die Stärke der Monarchie. Nur so lange läßt sich die Menschheit von Fürsten beherrschen, als sie sich von der Einbildungskraft beherrschen läßt. Fürsten herrschen nur, wo die Phantasie die Menschen beherrscht.*[124] Die praktische Konsequenz von Feuerbachs Reformation der Philosophie war eine realistische Anerkennung der Grenzen des Wachstums der menschlichen Kapazität in geschichtsorientierten Glaubens- und Politprozessen. An die Stelle der religiösen und politischen Stories von den Menschen verführenden Heilsgeschichten setzt er den wirklichen Menschen im Alltag als Ich und Du. *Ich negiere Gott, das heißt bei mir: ich negiere die Negation des Menschen, ich setze an die Stelle der illusorischen, phantastischen, himmlischen Position des Menschen, welche im wirklichen Leben notwendig zur Negation des Menschen wird, die sinnliche, wirkliche, folglich notwendig auch politische und soziale Position des Menschen. Die Frage nach dem Sein und Nichtsein Gottes ist eben bei mir nur die Frage nach dem Sein oder Nichtsein des Menschen.*[125]

Gegen Max Stirner, der ihn als nicht emanzipiert genug, als halbherzig und noch in engagierten Theorien befangen beschrieben hatte, wendet Feuerbach ein, daß nicht er, sondern die Berliner intellektualistische «kritische» und «reine» Kritik noch unreformiert sei und als das alte, sich über Chimären mit der Welt vermittelnde Weltverhalten identifizieren lassen müsse. Gegen Marx und seinen Glauben an die «Objektivität» von Geschichts-«gesetzen» und deren Beherrschung durch politökonomische Gesetzmäßigkeiten hätte Feuerbach mit begriffspolitischer Munition dasselbe antworten können, was er über das *Wesen des Christentums* in Beziehung auf den *Einzigen und sein Eigentum* antwortete: *Also weder Materialist, noch Idealist, noch Identitätsphilosoph ist Feuerbach. Nun, was denn? Er ist mit Gedanken, was er der Tat nach, im Geiste, was er im Fleische, im Wesen, was er in den Sinnen ist – Mensch; oder vielmehr, da Feuerbach nur in die Gemeinschaft das Wesen des Menschen versetzt –: Gemeinmensch, Communist.*[126]

1848: Frankfurt und Heidelberg

Die Tage in Schloß Bruckberg, wohin Feuerbach sich nach seiner Heirat und der Aufgabe seiner Vorlesungstätigkeit in Erlangen zurückgezogen hatte, verliefen in der Gleichförmigkeit des Landlebens, das durch die Abfolge der Jahreszeiten und nicht durch Veränderungen der großen Politik und Ideenpolitik bestimmt war. Nur in der eigenen literarischen Produktion, im Schriftverkehr und auf wenigen seltenen Reisen war Feuerbach mit den geschichtlichen Entwicklungen des Vormärz verbunden. Am 6. September 1839 wurde die Tochter Eleonore, genannt Lorchen, geboren; zwei Jahre später eine zweite Tochter, Mathilde. Die jüngere Tochter starb im Alter von drei Jahren einen kurzen, schmerzhaften Tod. Das Erlebnis vom sinnlosen Tod der Tochter war für Feuerbach eine qualvolle Bestätigung seines *Lobgesanges* auf den Tod vom Jahre 1830 und seiner These von der Unwiederbringlichkeit des Lebens, das nur einmal gelebt wird. *Die Macht des Todes erscheint als eine blinde, kalte, gefühllose Macht, der es ebenso gleichgültig ist, ob sie den Würdigen oder Unwürdigen trifft, als es dem Stein gleichgültig ist, ob er auf einen Klotz oder Menschen fällt. Und diese Macht wartet nicht etwa, wie der fromme Wahn wähnt – am wenigsten gilt dieser fromme Wahn bei jungen Wesen – bis die Anlagen entwickelt, das Lebensvermögen angewandt ist. Nein! Sie zertritt die Knospe, noch ehe sie sich zur Blume entfaltet.*[127] Einige Jahre später schreibt er seiner Schwester Elise ins Poesiealbum: *Was bin ich? fragst Du mich? Warte, bis ich nicht mehr bin (Philosophische Grundsätze und Kritiken).* Seine Mutter hatte ihrer Tochter eben im Jahr des Todes der kleinen Mathilde in das Album geschrieben: «Ein feste Burg ist unser Gott! Nürnberg, den 30. August 1844, Deine treue Mutter Wilhelmine, geb. am 4. 1. 1774». Bruder Friedrich, der unter Ludwigs Einfluß Bücher zum Thema einer humanitären Religion der Zukunft ohne Jenseitsglauben schrieb, benutzte den Stammbucheintrag zu einer theoretischen Ausführung: «Häufig hat man gegen die Grundsätze einer vernünftigen Religion den Vorwurf erhoben, daß sie nur den Verstand, nicht das Herz befriedigen. Aber wem fällt dieser Vorwurf zur Last? einzig denen selbst, die ihn machen. Freilich können solche Grundsätze den ganzen Menschen nicht befriedigen, solange sie nicht in Leben und Handlung übergehen. Auch das vortrefflichste musikalische Instrument kann Herz und Ohr nicht rühren, so lange es die Hand des Künstlers nicht belebt.»[128] – Der Streit um das «Wesen» des Christentums ging wie ein tiefer Riß durch die Familie Feuerbach. Bruder Eduard, Jurist in Erlangen, trug Ludwig im August des Jahres 1844 das christliche Patenamt für seinen Sohn an und verband diese Bitte mit einer Kritik an des Bruders Schriftstellerei; zumindest müsse Ludwig doch die gesellschaftliche Funktion jeder Art von Religion als unverzichtbar anerkennen: «Mag auch das Christentum vielfach mißbraucht worden sein, mögen auch einzelne Lehren unrichtig sein, oder die Prüfung der Vernunft nicht aushalten; so sind doch die wesentlichen, die Hauptlehren, namentlich die, welche das Zusammenleben der Menschen regeln, wahr, und sowohl für das Individuum wie das Ganze heilsam. Auf ihnen beruht das öffentliche Zutrauen, auf ihnen das Zutrauen, das der Mensch dem Menschen schenkt.»[129] Ludwig lehnte die Patenschaft ab und gab seinem Bruder den Rat, wenn er schon so *im Geiste der Zeit, welche ein widerspruchsvolles Gemisch von Christentum und Heidentum für Christentum ausgibt,* halbherzig stehenbleiben wolle, dem kleinen Knaben *den antichristlichen Namen Ludwig und den christlichen Namen Anselm* zu geben: *So bist Du aus aller Verlegenheit.*[130] Bruder Eduard befolgte diesen Rat und nannte seinen Sohn Anselm Ludwig. – Nur kurze Zeit später starb Eduard ebenso wie sein Vater Anselm eines plötzlichen und unerwarteten Todes, als er gerade an den vom Vater übernommenen Materialien zu Kasper Hauser arbeitete – angeblich nach dem nachmittäglichen Genuß von Gänsefett und Bier. Ludwig schrieb anonym eine kleine Broschüre *Dem Andenken Eduard Feuerbachs.* Die nachgelassenen Papiere seines Vaters gab Ludwig 1851 heraus, beschäftigte sich aber nicht intensiver mit den dunklen Hintergründen der Herkunft Kasper Hausers, der ein badischer Prinz aus der regierenden Linie gewesen sein soll.

Wenige Reisen unterbrachen für Feuerbach das Gleichmaß der Bruckberger Tage. Fast in jedem Jahr besuchte er seinen Freund Christian Kapp in Heidelberg, Philosophieprofessor daselbst und 1848 einer der konsequentesten Demokraten im Paulskirchenparlament. Er legte nach der Einsetzung des Reichsverwesers unter Protest sein Frankfurter Mandat und später auch seine Heidelberger Professur nieder. Vom Maler Anselm Feuerbach ist uns ein Ölbild des Onkels Christian überliefert, welches ein wenig von der Kompromißlosigkeit und dem unbeherrschten Wesen Christian Kapps widerspiegelt. Kapp versuchte auch Feuerbach nach Heidelberg an die Universität zu ziehen. Feuerbach wollte nicht, was dann eine zeitweilige Verstimmung zwischen den Freunden aufkommen ließ. Anonym hatte Feuerbach in den «Halleschen Jahrbüchern» über *Dr. Christian*

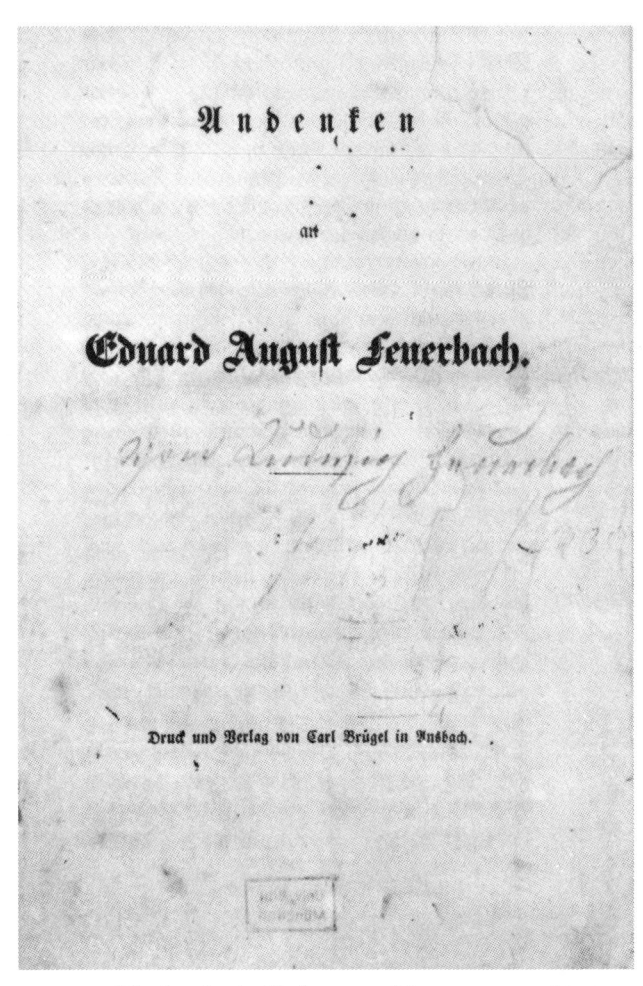

Anbenken

an

Eduard August Feuerbach.

Druck und Verlag von Carl Brügel in Ansbach.

*Die Angabe des Verfassers auf der anonym erschienenen
Gedenkschrift stammt von Ludwig Feuerbach*

Kapp und seine literarischen Leistungen geschrieben; später erschien
der Aufsatz auch als Broschüre. Während eines langen Sommeraufenthalts 1841 entspann sich zwischen Feuerbach und der ebenso
hübschen wie intelligenten frühreifen Tochter Christians, Johanna
Kapp, 1825 geboren, eine erst nur zaghafte Zuneigung, die dann zu
beider Überraschung in leidenschaftliche Liebe umschlug. Feuerbach
war sich lange Zeit über seine Situation nicht im klaren oder wollte

103

nicht darüber nachdenken. Einerseits genoß er die schwärmerische Liebe und Verehrung der leidenschaftlichen Johanna, andererseits schätzte er die Ruhe und Geborgenheit des Bruckberger Landlebens. Bei einem Besuch in Heidelberg kam es im Frühsommer 1845 zu einer Aussprache zwischen Johanna Kapp und Bertha Feuerbach. Die Entfremdung zwischen Feuerbach und seiner Frau wuchs und wurde seitdem nicht mehr beigelegt. Erst im Sommer 1846 fand er den Mut, in Bad Schwalbach Johanna zu bekennen, daß er sich gegen sie für Frau und Tochter entscheide.[131] Wie er an Bertha schrieb, habe er mit Johanna *nicht in meinem, aber in ihrem Interesse* sich ausgesprochen. Er werde in Kürze nach Bruckberg zurückkehren und *trotz des unfreundlichen Abschieds herzlich gerne wieder bei Dir und unserem lieben Lorchen sein.* Er habe Johanna geliebt und liebe sie weiterhin, aber sie sei frei, er gebunden, sie jung und er alt. Nur äußerlich war damit die «Affäre» erledigt. Johanna hoffte immer noch auf eine glückliche Zukunft für ihre Liebe zu Ludwig. Hoffmann von Fallers-

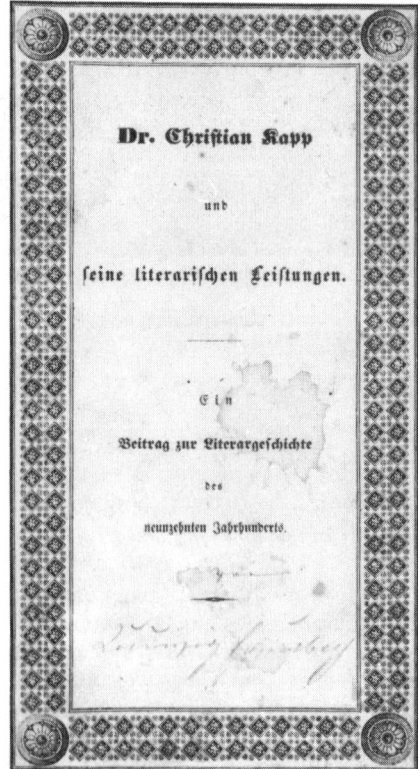

Anonym erschienen. Unten: Ludwig Feuerbachs eigenhändige Angabe des Verfassers

Christian Kapp

leben, der am 9. Oktober 1847 um Johannas Hand anhielt und von
ihrem Geheimnis erfuhr, schrieb am gleichen Tage:

> Als nun endlich Dein Geheimnis
> Über Deine Lippen schlich,
> War's als hätt' ich keine Worte,
> Keine Träne mehr für Dich.
>
> Nun ich Deinen Schmerz ermessen,
> Ganz ermessen, wie er ist,
> Muß ich klagen, muß ich weinen,
> Weil Du selbst das Unglück bist.

Als ein Jahr später Gottfried Keller Johanna um die Ehe bat, antwortete sie – einen Monat vor Beginn von Feuerbachs Vorlesungen in Heidelberg – mit den Zeilen:

> Mir ist als sei ein Zauber
> Wohl über mich gesprochen,
> Und wer ihn lösen wollte,
> Des Herz sei bald gebrochen.

Johanna starb 1871 in geistiger Umnachtung unverheiratet und von der Einbildung besessen, daß alle Welt das Geheimnis ihrer unerfüllten Liebe zu Feuerbach kenne und sie deshalb verachte.[132]

Das Jahr 1848 brachte für Feuerbach die Chance, sich aus solchen kleinbürgerlichen Verzichten und Umgebungen zu befreien. Im Alter von 44 Jahren plante er den Start in ein neues Leben. *Vive la Republique*, schrieb er an seinen Verleger Otto Wigand am 3. März 1848, *Die französische Revolution hat auch in mir eine Revolution hervorgebracht. So bald ich kann, sobald ich hier alles in's Reine gebracht, gehe ich nach Paris, ohne Weib, ohne Kind, ohne Bücher, ohne – –. Es ist übrigens keineswegs nur allein das in Paris aufgegangene Licht, das mich in's Leben, und zwar ein neues Leben ruft, es sind auch zugleich*

Blick auf Heidelberg, vom Wohnhaus Christian Kapps aus

Familie Christian Kapp

höchst traurige Gründe, die Sie mit der Zeit erfahren werden, die mich von hier forttreiben.[133] Feuerbach wollte nach Beendigung des siebten Bandes seiner Gesamtausgabe, der die in der dritten Auflage überarbeitete Fassung des *Wesen des Christentums* enthielt, mit der Schriftstellerei überhaupt aufhören. Wigand sollte diese Information und die Reisepläne aber vertraulich behandeln. Ende März 1848 brach Feuerbach zu seiner Reise nach Paris auf, die ihn zunächst nach Frankfurt führte, wo am 18. Mai die Eröffnungssitzung des Paulskirchenparlamentes stattfand.

Johanna Kapp. Selbstbildnis

In einem Brief vom 6. Juni spricht er seiner verlassenen Frau Mut zu: *Bewahre den Schwestern gegenüber Deine Selbständigkeit und dem Elend des Lebens gegenüber Dein Selbstbewußtsein. So viel wird Dir immer noch bleiben, daß Du für Dich leben kannst. Ihr habt ja ein Kapital an meinen Werken. Die Zeit, wo diese gehen, ist nicht vorüber, sondern sie kommt erst. Und diese Werke gehören Dir von rechtswegen. Nur Deiner Anspruchslosigkeit, mit der Du mich ganz meinen Arbeiten und Gedanken überließest, verdanke ich es, daß ich sie geschrieben. Dieser Gedanke erhebe und stärke Dich, wenn Du verzagen willst.* Dem Frankfurter Unternehmen traute Feuerbach im übrigen wenig zu; zu intellektuell und zu unrealistisch schienen ihm die Beratungen. *Was mich hier am meisten interessiert,* schreibt er an seine Frau, *ist keineswegs das Parlament, sondern die Menschen und Verhandlungen außer dem Parlament. Das Parlament kann sich auch keineswegs schmeicheln, die gesamte Kraft und Intelligenz Deutschlands in sich zu repräsentieren. Die besten, die Zukunft Deutschlands entscheidenden Kräfte und Köpfe – und dies sind die republikanischen und demokratischen – stehen außer dem Parlament. Und hier, nicht im Parlament entscheidet sich das Schicksal Deutschlands. Aber schwer friedlich, sondern blutig, obgleich die Gräuelszenen der alten Geschichte sich nicht wiederholen werden. Traurig genug, aber es ist nun einmal so: ohne Blut, ohne Lebensverlust kommt nicht neues Leben in die Welt.*[134] – Heidelberger Studenten hatten am 4. April 1848 in der in Frankfurt erscheinenden Zeitschrift «Didaskalia» Feuerbach mit einem offenen Brief aufgefordert, endlich an den Beratungen des Parlaments aktiv teilzunehmen: «Bald treten die Denker zusammen, die dieses neue Testament verfassen, die die ewigen Menschenrechte auf den allein wahren Grundlagen der Natur, der Verfassungsmäßigkeit unseres Geschlechts errichten . . . Du warst es, der mit wenigen Anderen uns Trost und Zuflucht bot, als wir in Ekel vor der Lüge der Gelehrten, im Drange nach Wahrheit uns zurückzogen aus den geschändeten Hörsälen deutscher Universitäten. Darum richten wir an Dich die Bitte, daß Du jetzt heraustretest aus der Verborgenheit, in die Du Dich begeben, daß Du eine Stelle einnehmest an Seiten der Wahlkandidaten der constituierenden Nationalversammlung, damit Du als Wächter stehest vor dem neuen Tempel des neu zu gestalteten Rechtes, auf daß auch nicht ein Titel des Gesetzes sich einschleiche, der mit unserer eigentümlichen Natur im Widerspruch stände.»[135] Feuerbach machte nicht einmal den Versuch, als Autorität die vorgeschlagene Richtlinienkompetenz in theoreticis und iuribus von außen wahrzunehmen.

In den Pfingstferien besuchte er die Familie Kapp in Heidelberg, und hier begann er auf Einladung von Bürgern und Ständen nach kurzen Zwischenaufenthalten in Frankfurt Anfang Dezember im

Haus Christian Kapps
auf der Heidelberg gegenüberliegenden Seite des Neckar

Rathaussaal gegen Honorar mittwochs, freitags und samstags abends *Vorlesungen zum Wesen der Religion* zu halten. Seine kleine Broschüre *Das Wesen der Religion* (1846) bildete den Rahmen, den Feuerbach aber, nachdem seine Frau ihm Exzerpte und Studien aus Bruckberg geschickt hatte, anreicherte und schließlich die Vorlesungen Wort für Wort ausarbeitete. Johanna schrieb Feuerbachs Manuskripte ab, und im Hause Christian Kapps trafen sich unter anderem Moleschott, Hettner, der Maler Bernhard Fries und die Schriftsteller und Dichter Berthold Auerbach, Gottfried Keller und Hoffmann von Fallersleben, auch Friedrich Kapp, ein junger Vetter Johannas und einer der Anführer der Heidelberger Studentenschaft 1848, der Feuerbach schon mehrmals in Bruckberg besucht hatte. Etwas über hundert Zuhörer zahlten das geforderte Vorlesungshonorar; die anwesenden Handwerker, Gesellen wie Meister, durften auf ihre Bitte hin kostenlos auf der Galerie den Vorlesungen folgen. Es war eigentlich nur konsequent, daß Feuerbach sich nicht in die Frankfurter Querelen hineinhängte, sondern getreu seiner Einsicht, daß eine Reformation des Bewußtseins die Voraussetzung für eine Reform der politischen Zustände sei, seinen Beitrag zum Revolutionsjahr 1848 auf dem Katheder erbrachte; und zwar nicht auf dem Universitätskatheder in Heidelberg, das die Regierung ihm verweigert hatte, sondern auf dem Katheder, das man im Rathaussaal für ihn aufstellte. *Die Religion, der Gegenstand dieser Vorlesungen, hängt nun allerdings mit der Politik aufs Innigste zusammen; aber unser hauptsächlichstes Interesse ist gegenwärtig nicht die theoretische, sondern praktische Politik*[136], stellte Feuerbach in der ersten Vorlesung fest und versuchte dann in einem Überblick über seine bisherigen Schriften der philosophischen Rückführung der Religion auf das Verhältnis des Menschen mit der ihn umgebenden Natur die politische Bedeutung und das

Das

Wesen der Religion.

Von

Ludwig Feuerbach.

Zweite Auflage.

Leipzig,
Verlag von Otto Wigand.
1849.

langfristig politische Gewicht der theoretischen Aufklärung zu geben. Gegen die voraufklärerische Position, die *freie Menschen* nur in Monarchie und Aristokratie sich vorstellen konnte, stellt er das Prinzip der *Individualität: Der Standpunkt der Individualität ist der Standpunkt der Unendlichkeit und Universalität, im Sinne des dünkelhaften und neidischen Begriffs allerdings der «schlechten», im Sinne des Lebens aber sehr guten, weil allein schöpferischen und zeugungskräftigen Unendlichkeit und Universalität. In praktischer Beziehung ist der Individualismus Sozialismus, aber nicht im Sinne des französischen die Individualität oder, was eins, was nur ein abstrakter Ausdruck derselben ist, die Freiheit aufhebenden Sozialismus.*[137] Im achten Band seiner Werke druckt Feuerbach die Vorlesungen (1851) ab und setzt sich in einem Vorwort noch einmal mit der notwendigen Spezialität seines eigenen Beitrags zum Jahr 1848 auseinander: *Die Märzrevolution war überhaupt noch ein, wenn auch illegitimes Kind christlichen Glaubens. Die Konstitutionellen glaubten, daß der Herr nur zu sprechen brauchte: es sei Freiheit! es sei Recht! so ist auch schon Recht und*

Heidelberg: das Rathaus

Jacob Moleschott

Freiheit; und die Republikaner, daß man eine Republik nur zu wollen braucht, um sie auch schon ins Leben zu rufen; glaubten also an die Schöpfung scilicet einer Republik aus Nichts. Jene versetzten die christlichen Wortwunder, diese die christlichen Tatwunder auf das Gebiet der Politik.[138] So endete Feuerbachs revolutionärer Aufbruch nach Paris im Hörsaal des Heidelberger Rathauses – begründet in der Natur seiner Art von Revolution.

Gerade die Konsequenz in der Sache war es auch, die Feuerbach wieder an den Bruckberger Schreibtisch zurücktrieb – und dennoch war es ein enttäuschender Rückzug. *Du gehst nach Paris und ich gehe nach dem Interim einer Vorlesung auf ein deutsches Dorf; Du beginnst ein neues Leben, und ich fange ganz im Einklang mit der deutschen «Revolution» wieder das alte Leben an. Du gehst der Zukunft entgegen, und ich hinke wieder tief gebeugt in die Vergangenheit zurück; Du Glücklicher! segelst jetzt selbst in das jugendliche Amerika hinüber, und ich sitze auf dem Mist des altersfaulen Europa.*[139] So schreibt Feuerbach resignierend nach seiner Rückkehr nach Bruckberg an den jungen Friedrich Kapp, dem er auftrug, sich in Amerika umzusehen, ob dort für ihn ein Platz sei. Friedrich Kapp machte in New York Karriere als Anwalt, lud Feuerbach auch als Gast ein, machte ihm aber klar, daß für einen Gelehrten wie Feuerbach in dieser Generation kein Platz in Amerika sei. Wenn schon, dann käme für Feuerbach

113

nur das Texas Hill Country in Frage, wo viele lateinisch sprechende deutsche Farmer seit dem Jahre 1848 siedelten, wie Friedrichs Onkel Ernst Kapp, der Umwelt- und Geographiephilosoph, der auch nach 1849 Deutschland hatte verlassen müssen.[140] Im Jahre 1856 besuchte Friedrichs jüngerer Bruder Otto, aus New York kommend, anläßlich eines mehrmonatigen Europa-Aufenthalts die Familie Feuerbach in

Eleonore Feuerbach

Friedrich Kapp

Bruckberg und verlobte sich mit Feuerbachs Tochter Lorchen. Eleonore sollte wenig später nach New York nachkommen, wo Otto Kapp als Ingenieur eine ausgezeichnete unabhängige und hochdotierte Stellung hatte. Drei Jahre später ging die Verlobung in die Brüche, ohne daß Lorchen Bruckberg verlassen hätte. Auch Feuerbach konnte sich nicht entscheiden, die Einladungen von Friedrich Kapp nach New York und eine andere Einladung seines Studienfreundes Dedekind, der ihm in Indiana nahe Fort Wayne ein Haus mit Land kostenlos zur Verfügung stellen wollte, anzunehmen.[141] Im Jahre 1860 ergab sich noch einmal eine letzte – allerdings nur theoretische – Chance zur

Auswanderung. In New York sollte ein deutschsprachiges Lehrerseminar gegründet werden, das nach den Plänen des in England in der Emigration lebenden Arnold Ruge zum Kern einer Weltuniversität werden sollte. Dedekind schrieb Feuerbach, daß er nach Ruges Plänen dabei «als Historiograph der Philosophie ganz unbezahlbar sei». Doch auch dieser Universitätsgründungsplan Ruges zerschlug sich ebenso wie der frühere aus der Zeit des Vormärz, die Gründung einer Freien Universität in Frankfurt am Main betreffend.[142] Feuerbach blieb in Bruckberg und schrieb über fünf Jahre von 1852 bis 1857 an seiner umfangreichen *Theogonie nach den Quellen des classischen, hebräischen und christlichen Altertums,* die selbst nach dem Zeugnis von Freunden wie Arnold Ruge und anderen keine neue systematische These, wohl aber neue Belege und Zitate zur alten These brachte, die Unerschöpflichkeit der Anwendbarkeit seiner *reformatorischen Methode* auf religionsgeschichtlichem Gebiet dokumentierend. Diesmal untermauerte Feuerbach seine Theorie der religiösen Entfremdung triebpsychologisch. Entgegen dem Urteil der Zeitgenossen verrät diese Schrift – fast 50 Jahre vor Freuds Studien zu «Totem und Tabu» – eine hohe Sensibilität für später psychoanalytisch und tiefenpsychologisch gedeutete religionspsychologische Phänomene.

Im Jahre 1856 erschien in der «Presse» ein Nekrolog auf Feuerbach, den dieser zum Anlaß nahm, mit Datum vom 26. November des Jahres in einem Leserbrief zu schreiben: *Es ist kein Wunder, daß ich bereits zu den Toten gerechnet werde. Ich bin ja schon längst von den deutschen Theologen und Philosophen «widerlegt», d. h. auf Deutsch geistig totgeschlagen; nun hängt aber bekanntlich in Deutschland das Leben, die Physik samt allen ihren Kräften und Stoffen nur vom Geiste scilicet den deutschen Kanzel- und Kathedergelehrten ab; also bin ich natürlich oder vielmehr logisch notwendig auch physisch tot . . . Ich bezeuge Ihnen zugleich unter der Versicherung meiner Verehrung mit dem einzigen privilegierten und authentischen Lebensorgan und Lebenszeichen, der Feder, daß ich mich noch schreibe: L. Feuerbach.*

Späte Studien

Bruckberg ist, hatte Feuerbach 1851 nach der Rückkehr von den Heidelberger Vorlesungen einem Bekannten geschrieben, *ein kleines, in einem anmutigen, aber beschränkten, von Wäldern und Äckern umgrenzten Wiesental gelegenes Dörfchen, das aber den großen Vorteil hat, daß hier kein Pfarrer und keine Kirche ist. Die hiesige Kirche oder das Kirchlein hat zu Ende des vorigen Jahrhunderts der Blitz vernichtet. Das Gebäude, worin ich lebe und schaffe, ist ehemaliges markgräfliches Jagdschloß, seit Ende des vorigen Jahrhunderts und noch jetzt eine Porzellanfabrik, deren Besitzer drei noch lebende Schwestern sind, von denen eine meine Frau, deren oberster Lenker und Leiter mein Schwager ist. Die Fabrik ist leider höchst ungünstig gelegen und schwer belastet, ihr Betrieb höchst kostspielig, ihr Ertrag äußerst geringfügig, ihre Existenz, namentlich infolge der verhängnisvollen Ereignisse von 1848, der österreichischen Bankerotte, der österreichischen Geldpapierlumpenwirtschaft, wodurch noch jetzt die Fabrik an jedem 100 fl. 20–30 Prozent verliert – und leider steht sie nur mit Triest im Verkehr – sehr prekär. Den fast einzigen Vorteil, den ich von ihr habe, ist Holz und freie, weil eigene Wohnung. Diese schöne und geräumige, zum Studieren und Denken trefflich geeignete Wohnung ist es auch, die mich hauptsächlich an Bruckberg fesselt.*[143] Acht Jahre später, 1859, mußte Feuerbach diesen Ort, an dem er seit 1837 gewohnt hatte, verlassen. Seit Jahren schon befand sich die Porzellanmanufaktur am Rande des wirtschaftlichen Ruins, der nur durch halbherzige Geschäftsführung und durch die geringen Mittel aus Feuerbachs vom Vater ererbten kleinen Vermögen seit 1848 immer wieder hinausgezögert worden war. Die Familie mußte schließlich, als der Besitz in andere Hände überging, sogar die Wohnung räumen. Für den mittellosen Vierundfünfzigjährigen waren die letzten Jahre auf Bruckberg zwar auch nicht mehr die einstige Idylle seiner ersten Ehejahre gewesen; er hatte sich aber vor allem Unangenehmen, auch vor Frau und Kind, in seine abgelegene Studierstube zurückziehen können. So war der Aufbruch von Bruckberg ein Einschnitt in seine Gewohnheiten und Lebensumstände, von denen er sich nie wieder erholen sollte. Hilflos und ohne Entscheidungskraft stand er vor der

Schloß Bruckberg. Federzeichnung von Georg Hetzelein

Notwendigkeit des Umzugs. Neben mehreren anderen Orten war Nürnberg als neuer Wohnsitz ins Auge gefaßt worden. Als verständnisvoller Freund in der Not erwies sich die Familie Kapp. Friedrich Kapp, Gymnasialschullehrer in Hamm und Vater von Feuerbachs jugendlichem Freund Friedrich in New York, informierte Otto Lüning, einen alten Freund aus der Zeit des Vormärz. Lüning war in Westfalen durch eine reiche Heirat zu Geld gekommen. Als Mitbegründer des gerade ins Leben gerufenen Deutschen Nationalvereins, der Schillerstiftung, sammelte er unter den Feuerbach verbundenen Mitgliedern einen größeren Beitrag, der den Umzug von Bruckberg nach dem Rechenberg nahe Nürnberg ermöglichte.

Hier in der Nähe seiner jüngeren Schwestern konnte Feuerbach die obere Etage eines Hauses mieten, das einem ihm wohlgesonnenen Nürnberger Fabrikanten gehörte. Die Wohnung war laut, das Studierzimmer nicht heizbar. Feuerbach brauchte lange, um sich neue Vertrautheiten und Gewohnheiten anzueignen, die ihm für seine Studien den erforderlichen Rahmen gaben. Auch der Freundeskreis wurde kleiner. Friedrich Kapp aus New York schickte bis zu seiner endgültigen Rückkehr nach Deutschland im Jahre 1870 regelmäßig einen größeren Geldbetrag; im Jahre 1862 besuchte er ihn für einige Tage auf dem Rechenberg. Wilhelm Bolin, Bibliothekar in Helsinki

Oben und rechts: Feuerbachs Wohnhaus am Rechenberg bei Nürnberg

und Feuerbachs späterer Biograph und Editor, selbst Verfasser von
religionsphilosophischen Schriften im Feuerbachschen Sinne, war seit
Ende der fünfziger Jahre häufig Gast im Hause Feuerbachs. Der
eigentliche Freund des alten Feuerbach wurde jedoch Konrad Deubler, Gastwirt und Bäckereibesitzer aus Goisern bei Bad Ischl. Der
«Bauernphilosoph» hatte schon vor 1848 politisch und religiös frei-
sinnige Schriften gelesen und sich eine ganze Bibliothek solcher Bücher zugelegt, über deren Inhalt er gern mit Künstlern und Gelehrten
plauderte, die auf ihren Alpenwanderungen bei ihm einkehrten. Die
«Revolution» in Wien hatte er sich als Zaungast angeschaut. Plötzlich
war im Jahre 1850 in einer Wiener Zeitung ein Bericht über den
Gastwirt in Goisern erschienen und seine «Bücherei verbotener Bücher». Ein Untersuchungsgericht brauchte drei Jahre, um ihn wegen
Hochverrats für vier Jahre zu verurteilen, die er unter erniedrigenden
Umständen absitzen mußte. – Auf einer Reise im Jahre 1862 besuchte Deubler die Familie Feuerbach auf dem Rechenberg. «Ein Mann in
der malerischen Gebirgstracht der Älpler, von großer stattlicher Gestalt und ansprechenden, intelligenten Gesichtszügen, stellte sich als
Gast- und Landwirt aus Oberösterreich und zugleich als langjähriger
Verehrer der Philosophie Feuerbachs vor, den er persönlich kennen-

zulernen gekommen war», so beschreibt Wilhelm Bolin den Mann, der für den alten Feuerbach das wurde, was Eckermann für Goethe gewesen war.[144] Aber welch ein Unterschied! – Feuerbachs «philosophisches Idyll» begann, ein reger Schriftwechsel und gegenseitige Besuche vertieften die Bindung, die zur Duzfreundschaft zwischen den beiden Menschen von so verschiedener Herkunft führte. Lorchen Feuerbach kommentierte später das Idyll so: «Ludwig Feuerbach, welcher 24 Jahre in einem kleinen Dorf (in Bruckberg bei Ansbach) gelebt, mit Bauern und Tagelöhnern wie mit seinesgleichen verkehrt hatte, war ganz der Gelehrte, einen Deubler vollkommen zu würdigen und aufrichtig, brüderlich zu lieben . . . Feind jeden Scheins und jeder Unnatur, das Einfache nur und das Natürliche liebend, war ihm in diesem Deubler eine gleichartige, wahlverwandte Natur begegnet, welche ihm das reine, unverfälschte Menschenwesen repräsentierte. Wie Deubler unerschöpflich war in rührenden und naiven Äußerungen der Zärtlichkeit und Bewunderung für seinen Freund Ludwig, so erquickte und erfrischte sich dieser an dem heiteren Sinn, dem kerngesunden Denken und Empfinden des Freundes Konrad, und beide hatten die reinste Herzensfreude aneinander.»[145] Das Zimmer, das Feuerbach bei einem ersten längeren Aufenthalt in Goisern bewohnte, hieß fortan das «Feuerbachstübchen». Als Deubler einige Jahre

Konrad Deubler

später nach Feuerbachs Tod ein neues Haus baute an derjenigen Stelle, deren Aussicht auf die Berge Feuerbach immer besonders bewundert hatte, nannte er dieses Häuschen das «Feuerbachhaus».

Die Schriften der sechziger Jahre greifen keine neuen Themen auf; sie vertiefen die Religionskritik an neuem Material und bringen einige wenige Explikationen zu dem, was Feuerbach die Reformation der Philosophie in eine *Philosophie der Zukunft* genannt hatte, vor allem moralphilosophische Studien. Vieles blieb Stückwerk; im Nachlaß findet sich eine große Zahl von nicht verwerteten Exzerpten, meist aus naturwissenschaftlichen Schriften, aber auch Fragmente zu eigenen Aufsätzen. Der Höhepunkt der schöpferischen Tätigkeit Feuerbachs lag zweifellos in den Jahren 1839 bis 1843. Nach dem Erscheinen vom *Wesen des Christentums* arbeitete Feuerbach im Frühjahr 1842 zum erstenmal die Göttinger Ausgabe der Werke Martin Luthers durch. Das war eine große Entdeckung für ihn; sie prägte seine weiteren Schriften. Eigentlich waren es zwei große Aufgaben, denen er sich nach 1848 unterziehen wollte: einmal die Präsentation seiner philosophischen Position in *Übersichtliche Darstellung des Ganzen meiner Gedanken* und sodann die *Entwicklung besonderer Punkte, die ich noch nicht genügend behandelt habe*[146]. Feuerbach konnte oder wollte sich nicht aufraffen, eine systematische Darstellung seines reformatorischen, sensualistischen Neubeginns zu schreiben. Nicht nur Trägheit, sondern auch die Einsicht, daß die Welt – und insbesondere die Menschenwelt, wenn sie zu Papier gebracht wird – sich nicht

Martin Luther. Holländischer Kupferstich, 17. Jahrhundert

in ganzen Zahlen, sondern nur *in Brüchen* darstellen läßt, führte Feuerbach auf den zweiten der beiden möglichen Wege: die Rehabilitation der sinnlichen Erfahrung und der sinnlichen Existenz des Menschen als Ich und Du in philosophischen Detailstudien zu explizieren. Der Gesamtentwurf einer Lebensphilosophie als Philosophie des «konkreten a priori» fehlt.

Das *Wesen der Religion* hatte die These von der Projektion des Gottesbegriffes, die im Christentum eine Projektion menschlicher Eigenschaften gewesen war, generalisiert zu der These, daß das Verhältnis des Menschen zu seiner Umwelt – zur Natur – allgemein Grund und Ursache für Religion sei. *Das Abhängigkeitsgefühl des Menschen ist der Grund der Religion; der Gegenstand dieses Abhängigkeitsgefühls das, wovon der Mensch abhängig ist und abhängig sich fühlt, ist aber ursprünglich nichts anderes als die Natur. Natur,* erläutert Feuerbach in einer Fußnote, *ist für mich ebenso wie «Geist» nichts weiter als ein allgemeines Wort zur Bezeichnung der Wesen, Dinge, Gegenstände, welche der Mensch von sich und seinen Produkten unterscheidet und in dem allgemeinen Begriff der «Natur» zusammenfaßt, aber kein allgemeines, von den wirklichen Dingen abgezogenes und abgesondertes, personifiziertes und mystifiziertes Wesen.*[147] Zwei Gottesbegriffe sind also zu unterscheiden, der m o n o t h e i s t i s c h e, in dem der Mensch sich unter Verleugnung der Realität der natürlichen Welt selbst zum Gott macht, und der p o l y t h e i s t i s c h e, in dem der Mensch die ihn umgebende materielle Welt mit menschlichen Eigenschaften versieht. *Der Polytheist opfert sich der Natur auf, er gibt der Natur ein menschliches Auge und Herz; der Monotheist opfert die Natur sich auf, er gibt dem menschlichen Auge und Herzen die Macht und Herrschaft über die Natur; der Polytheist macht das menschliche Wesen von der Natur, der Monotheist die Natur vom menschlichen Wesen abhängig.*[148] So unterscheidet sich zum Beispiel die griechische Religion durch ihren Realitätssinn und die in die Göttergestalten projizierten, diesseitigen, relativ vernünftigen Wünsche nach Freude, Kraft, Jugend und Genuß von der christlichen, *die nicht beschränkte, sondern unbeschränkte, transzendente, über die Welt, über die Natur, über das menschliche Wesen hinausgehende, d. i. absolut phantastische Wünsche artikuliert*[149]. Selbst die unhumane und unnatürliche Entfremdung der modernen Welt in der Rastlosigkeit geschichtsphilosophischer Fortschrittsorientierung ist ein letztes Resultat desjenigen Gottesbegriffs, der die Natur zum Attribut einer sie dominierenden Welt (Weltgeschichte) gemacht hatte. Feuerbach fragt nach der Ursache für die Theorie einer fortschreitenden Geschichte und antwortet: *Erst wo die Erde sich entgöttert, die Götter in den Himmel emporsteigen, aus wirklichen Wesen zu nur vorgestellten Wesen werden, da haben die Menschen Platz und Raum für sich, erst da können sie ungeniert als Menschen sich zeigen und geltend machen. Der Orientale verhält sich zum Okzidentalen wie der Landmann zum Städter. Jener ist abhängig von der Natur, dieser vom Menschen, jener richtet sich nach dem Stand des Barometers, dieser nach dem Stande der Papiere, jener nach den sich immer gleichbleibenden Zeichen des Tierkreises, dieser nach den immer wechselnden Zeichen der Ehre, Mode und Meinung. Nur die Städter machen darum Geschichte; nur die menschliche Eitelkeit ist das Prinzip der Geschichte.*[150] So endet Feuerbachs theologische Kritik am *Wesen des Christentums* in einer Kritik der säkular gewordenen heilsgeschichtlichen Entfremdung des modernen Menschen, der sich an den Meinungen und Moden der geschichtsphilosophischen Geschichtenerzähler orientiert, statt «natürlich» und «gesund» am Kreislauf der Jahreszeiten und am Stand des Barometers.

In einem in den sechziger Jahren entstandenen Fragment setzt Feuerbach sich mit den notwendigen, weil unumgänglichen *Grenzen des Denkens* auseinander.[151] Diese Grenze, die es anzuerkennen gilt, ist die *Materie.* Nicht nur Hegel, sondern schon Kant hatte die Materie als das *Andere*, das nicht Machbare, nicht ernst genommen. *Es ist die Zufriedenheit mit sich selbst, die Genügsamkeit an sich, die Kant das Ding als an sich unerkennbar, als nicht für uns seiend abweist – nicht die Einsicht in die Unmöglichkeit der Erkenntnis ist das Erste, das Wichtigste, wie es sich die Menschen einbilden. Es ist eine Indifferenz – ein Phlegma – ein sich wohl und behaglich Fühlen innerhalb dieser willkürlichen Grenze. Die Vernunft zu erkennen ist wichtiger als die Dinge: das Denken ist mehr wert als das Ding an sich . . . Die Materie ist ein unerklärliches Dasein. Die Materie ist die Grenze, das Ende der Theologie, an ihr scheitert sie, wie im Leben, so im Denken. Wie will ich also aus der Theologie, ohne sie zu zerstören, die Negation der Theologie ableiten. Wie will ich, wo die Theologie vom Verstande ausgeht, ausläuft, Erklärungen uns suchen, wie aus der Natur und Materie, welche die theologische ist, und dem Satze: die Materie ist nicht, die Behauptung – Bejahung, den Satz: sie ist, ableiten?* Gegen Kants Regressus aus der verfallenen Möglichkeit ontotheologischer Systembildung in die «Sicherheit» des Kategorien-«systems» des Verstandesvermögens und gegen den ethischen rigorosen Formalismus mit seinen unsinnlichen «Gottheiten» – den «leitenden Ideen» – setzt Feuerbach den Protest über die Auflösung der Wirklichkeit im Begriff. Nicht die *Theorie* der Entfremdung, wie sie nach Kant von Hegel und Marx als Theorie entworfen wurde, sondern die *Erfahrung* der Entfremdung – in der theoretischen Abstraktion, im philosophischen System – ist erst die Bedingung der Möglichkeit der R e h a b i l i t a t i o n d e r   s i n n l i c h e n   E r f a h r u n g. Die Erfahrung der Nichtidentität vom Begriff und sinnlichen Gegenstand – in der Ontologie wie in der

Geschichtswissenschaft – ist sowohl die Voraussetzung wie die Konsequenz des sensualistischen Ansatzes zu einer Reformation der Philosophie. Deshalb will sich diese Reformation der Philosophie jetzt auch nicht mehr aus der ideengeschichtlichen abendländischen Entwicklung ableiten und legitimieren, sie stellt sich vielmehr gegen sie und opponiert gegen sie – als Alternative. Die Konsequenz der Reduktion jedes philosophischen Ansatzes auf die in Sensualität und Sozialität sich entfaltende Menschennatur ist für Feuerbach, der 1804 im Todesjahr Kants geboren wurde, erst die wahre Revolution der Denkungsart. *Laßt uns den Andern glauben, was er will, aber fordert dafür auch von ihm, daß er Dich nicht glauben läßt, was er glaubt. Diese Forderung ist gerecht und billig; aber ungerecht und verwerflich, verwerflicher noch als die Intoleranz des Gläubigen ist die Intoleranz des Aufgeklärten, welcher von den Andern ohne Unterschied verlangt, daß sie zwar nicht so glauben, aber so denken, so frei und gescheit sein sollen wie er selbst. Man muß auch gegen die Unfreiheit und Dummheit tolerant sein*[152], schreibt Feuerbach am 23. Oktober 1851 seinem jungen Freund Konrad Beyer ins Poesiealbum. Moderne Ideologien und Säkularreligionen, inklusive der aufklärerisch-intellektualistischen, sind nach dem gleichen sowohl altmodischen wie ungesunden, vor allem aber freiheitsfeindlichen Muster gestrickt wie die alten Religionen, sie sind in Feuerbachs Augen vor-reformatorisch.

Die erkenntnistheoretische Wende gegen Kant ist eng verknüpft mit der moralphilosophischen Kritik am kantischen Konzept. Zweierlei war Feuerbach erst in seinen Luther-Studien klargeworden: erstens die Intimität des Ich-Du-Verhältnisses in der protestantischen Gottesbeziehung, zweitens die strotzende Fülle der sinnlichen Attribute im reformatorischen Gottesbegriff. *Gott und Mensch sind gegeneinander wie Mann und Weib – ein von Luther und überhaupt den Christen häufig gebrauchtes Gleichnis. Wenn das Weib für mich kocht, wäscht, spinnt, so brauche ich nicht selbst zu kochen, zu spinnen, zu waschen; wo das Weib tätig ist, bin ich untätig, wo es etwas ist, da bin ich nichts. Was Du in Gott hast, das hast Du allerdings nicht in und an Dir selbst, aber gleichwohl hast Du es – es ist dein, aber nicht so, wie Dein Arm, Dein Bein dein ist, aber so wie Dein Weib dein ist. Es ist Dein nicht als Eigenschaft in Dir, sondern als Gegenstand, aber als ein Gegenstand, der nicht zufällig, sondern wesentlich ein Gegenstand für Dich ist, denn er hat, was Dir fehlt, gehört also zu Dir selbst. Gott ist, was Du nicht bist; aber gerade deswegen ist er Dir ebenso unentbehrlich als die Speise dem Hunger, der Trank dem Durste, das Weib dem Manne.*[153] Selbst in dieser von Feuerbach als krankhaft diagnostizierten Beziehung des Menschen zu einem erst von ihm erschaffenen Gegenstand kommt eine Wahrheit ans Tageslicht, die Wahrheit des auf das Du angewiesenen Ichs. Die Individualität, die gleichzeitig

Bertha Feuerbach. Altersbild

Partikularität und Offensein für den Anderen bedeutet, ist auf Ergänzung und Gemeinschaft hin angelegt. Die in den sechziger Jahren
entstandene Schrift *Über Spiritualismus und Materialismus, besonders in Beziehung auf die Willensfreiheit* (1866) versucht in der Um-
kehrung der im Gottesverhältnis pervertierten Ich-Du-Beziehung die
eudämonistische und unhobbesianische Theorie eines angeborenen
Moralinstinkts zu entfalten. Die Ethik ist die Lehre vom Glückseligkeitstrieb des Ich (Recht) und des Du (Pflicht). *Gut ist die Bejahung,*

böse die Verneinung des Glückseligkeitstriebes. Die Glückseligkeit, aber nicht die in eine und dieselbe Person zusammengezogene, sondern die auf verschiedene Personen verteilte, Ich und Du umfassende, also nicht die einseitige, sondern die zwei- und allseitige, ist das Prinzip der Moral . . . Was darum mit meinem Egoismus in Widerspruch steht und daher nicht aus ihm erklärbar ist, das steht im schönsten Einklang mit dem Egoismus des Andern. Die kantische Moral der Uneigennützigkeit denkt nicht an *sinnliche Wesen, nicht einmal an den Menschen, sondern nur an nicht existierende, bloß mögliche Wesen*[154]. Nicht Altruismus und Formalismus, sondern der «gesunde» und «natürliche» Egoismus muß Grundlage einer Moraltheorie und Moralpraxis sein. Triebrivalitäten und Glückskonkurrenzen gibt es in jedem einzelnen Individuum wie zwischen den Individuen; aber wie das einzelne Individuum den Streit der Interessen in sich immer schon irgendwie schlichtet und in glücklichen Situationen auch erfreulich löst, so werden auch die Triebrivalitäten zwischen den Individuen immer irgendwie und manchmal mit Fortune und Engagement auch kultiviert und lustbetont und glücklich lösbar sein. Allerdings setzt das voraus, daß der Mensch als sinnliches Wesen im Anderen sein sinnliches Nicht-Ich als Du und als Ergänzung und Herausforderung anerkennt und nicht Theorien – solche über Gott, die Welt, die Menschen oder die Geschichte – zwischen sich und das Du stellt. Das Gewissen ist, *nichts anderes als mein an die Stelle des verletzten Du sich setzendes Ich, nichts anderes als der Stellvertreter der Glückseligkeit des Anderen auf Grund und Geheiß der eigenen Glückseligkeit.* Das Grundmodell der mitmenschlichen Beziehungen zwischen Ich und Du ist die sinnliche Liebe zwischen Mann und Frau *als Glückseligkeitstrieb des Menschen, der aber nur in und mittels der Befriedigung des Glückseligkeitstriebes des Andern sich selbst befriedigt.* Die Rivalität der Triebe im einzelnen und zwischen den Individuen untereinander erfordert die Anwendung einer Klugheitsregel, der gemäß im Spiel und Streit der Triebe Ausgewogenheit herrschen soll. Bei längerer oder zeitweiliger Dominanz eines Interesses soll *Wohlfahrt und Freiheit* des anderen Triebes nicht mißachtet werden. So bedarf es zum Beispiel eines k l u g e n Ausgleichs zwischen G e n u ß t r i e b und A r b e i t s t r i e b. Die Begründung von Moral und Gesellschaft auf die Triebnatur des Menschen – Feuerbach entwickelt keine Institutionenlehre aus seiner Moraltheorie, doch schließt er eine solche nicht aus – kann nur gewährleistet werden, wenn für die Bandbreite der Triebstrukturen der Individuen gewisse von Natur und Kultur gesetzte Grenzen als Klugheitsregeln gemäß dem Prinzip des Maßes der Mitte sich verabreden lassen. Feuerbach unterscheidet naturgegebene *unüberschreitbare Grenzen* der Triebauslebung und Veranlagung und *willkürliche Grenzen, welche Neid, Tadelsucht, Faulheit und Begrenztheit*

Anderer setzen. Grundsätzlich aber gilt: *Wer dem Menschen zu enge Grenzen setzt, fehlt, aber ebenso, wer sie zu weit oder gar bis ins Unendliche, d. h. Phantastische hinausschiebt. Die Veränderungs- und Entwicklungsfähigkeit des Menschen erstreckt sich nicht weiter als seine Freiheit, und umgekehrt. Wie meine Freiheitshandlungen, so fallen meine Veränderungen nur innerhalb, nur diesseits der unübersteiglichen Grenzen, die dieses mein bestimmtes Wesen begründen.*[155] Feuerbachs Reformation der Moralphilosophie gründet die zwischenmenschlichen Beziehungen auf die Anerkennung des Menschen als eines durchaus nicht unegoistischen individuellen Sinneswesens. Die Revolution der Denkungsart besteht darin, von den Sinnen auszugehen und nicht sinnesfremde (realitätsfremde) Theorien über mitmenschliches Handeln zu Fixpunkten zu machen, von denen Handlungen dann erst abgeleitet werden. Die Realisierung von Feuerbachs Programm erfordert zweifellos ein hohes Maß an Einsatz des ganzen Menschen, von Imagination, von Solidarität und Fähigkeit, Liebe zu geben und zu nehmen. Feuerbachs Moralphilosophie ist keine Beschreibung eines Naturzustandes gegenüber früheren verfälschenden und nebulösen Darstellungen dieses Naturzustandes; sie ist vielmehr ein Programm. Die Vehemenz, mit der dieses Programm auch noch in den sechziger Jahren vom altgewordenen Feuerbach vorgetragen wurde, ist nur zu erklären aus der Enttäuschung über das Maß an selbstverschuldeten Unmündigkeiten, in die der Mensch der Neuzeit sich in der Abhängigkeit von selbstgeschaffenen Objekten hineinbegeben hat. Nicht durch Theorien, nicht durch Institutionen, nicht durch Geschichtsprozesse, nicht durch Konsum von Television und Freizeit, nicht durch egozentrische, intellektuelle oder sexuelle Lustbefriedigungen wird der Mensch glücklich werden. All das sind Situationen der Entfremdung, Akte des Abstrahierens, in denen der Mensch sich nur über ein Drittes mit den Mitmenschen vermittelt.

Die Reformation der Philosophie – das ist nichts anderes als die Reformation des Menschen – beginnt mit dem Dialog zwischen Ich und Du. Das ist nicht *in ganzen Zahlen* machbar, wie die Welt, die das Individuelle ernst nimmt, nicht *in ganzen Zahlen, sondern nur in Brüchen* sich darstellt. Die Anerkennung der Brüchigkeit der Welt und der Brüchigkeit des Menschen ist das Ergebnis erst eines langen Kulturprozesses, innerhalb dessen der Mensch lange Zeit nichts davon wissen wollte und auch heute noch nichts davon wissen will, *daß der Mensch denkt, nicht das Ich, nicht die Vernunft*[156]. Fast wie ein Beweis seiner These von der Wirklichkeit, die sich nur in Brüchen darstellen läßt, ist Feuerbachs eigene Biographie ein einziges langes zusätzliches Zitat zum Beleg seiner Forderung der *Notwendigkeit einer Veränderung*. Zwar irgendwie redlich, auch immer konsequent, aber doch nicht vorbildhaft, halbherzig in Liebesangelegenheiten,

Ludwig Feuerbach. Büste von Jean Schreitmüller

voller Kommunikationsschwierigkeiten in der Ehe wie im Hörsaal, war er in keiner Weise ein renaissancehafter Vollblutmensch. In kleinbürgerlicher Konformität von Arbeit, Familie und ganz harmlosen Alltagsvergnügungen und Alltagsentbehrungen plätscherte das Leben dieses monologisierenden Denkers und Schreibers vor sich hin, der dann – von der großen Welt fast unbemerkt – am 13. September 1872 aus dem Leben schied. Nur für wenige Tage war das Faktum seines Todes Gegenstand lokalpolitischen Interesses. Der Brisanz seines Ansatzes einer kopernikanischen Wende in der Philosophie nach jahrhundertelanger Herrschaft christlichen und säkularen Transzendenz- und Geschichtsdenkens tut seine Biographie keinen Abbruch; sie kann eher die Funktion eines typisch Feuerbachschen «Beweises» annehmen, nämlich eine Plausibilisierung für die These zu sein, daß *der Mensch das Maß der Vernunft ist,* nur *in Brüchen* darstellbar, nicht in *ganzen Zahlen. Ich bin Luther II,* pflegte Feuerbach scherzend zu sagen.[157] Er mag gefühlt haben, wie wenig seine

Relief von Friedrich Zastrow

Argumentation der Realitätsblindheit und Inhumanität von hochtrabenden Weltdeutungsschemata und Ideologien anzuhaben vermag, die sich zwischen die Menschen schieben, und wie sehr auch seine kopernikanische Revolutionierung der Denkungsart nur ein intellektuelles Programm blieb, der Entwurf nur für eine selffulfilling prophecy wirklicher menschlicher und mitmenschlicher Praxis. Das unterstreicht der Schluß der *Grundsätze der Philosophie der Zukunft*: *Die alte Philosophie hat eine doppelte Wahrheit – die Wahrheit für sich selbst, die sich nicht um den Menschen bekümmerte – die Philosophie – und die Wahrheit für den Menschen – die Religion. Die neue Philosophie dagegen, als die Philosophie des Menschen, ist auch im wesentlichen die Philosophie für den Menschen – sie hat unbeschadet die Würde und Selbständigkeit der Theorie, ja, im innigsten Einklang mit derselben, wesentlich eine praktische, und zwar im höchsten Sinne praktische Tendenz; sie tritt an die Stelle der Religion, sie hat das Wesen der Religion in sich, sie ist in Wahrheit selbst Religion.*[158]

Anmerkungen

1 Zur Familiengeschichte vgl. vor allem Theodor Spoerri: Genie und Krankheit. Zur Psychopathologie der Familie Feuerbach, Basel und New York 1952. – Gustav Radbruch: P. J. A. Feuerbach. Ein Juristenleben, 3. Aufl. hg. Erik Wolf, Göttingen 1969. – P. v. Gebhard: Ahnentafel des Malers Anselm Feuerbach, in: Ahnentafeln berühmter Deutscher, hg. Zentralstelle für deutsche Personen- und Familiengeschichte, Neue Folge Bd. I, Leipzig 1929–1932, S. 114–119.

2 Marx-Engels-Werke (MEW), Bd. I, Berlin 1957, S. 27. – Zur Verfasserschaft Feuerbachs vgl. H.-M. Sass: Feuerbach statt Marx. Zur Verfasserschaft des Aufsatzes «Luther als Schiedsrichter zwischen Strauß und Feuerbach», in: International Review of Social History, 12 (1967), S. 108–119; T. I. Oiserman: Formirovanie Filosofii Marksizma, 2. Aufl., Moskau 1974, S. 142f; Marx-Engels-Gesamt-Ausgabe (2. MEGA), Bd. I, 1, Berlin 1975, S. 69 (Einleitung) und S. 966f (Apparat).

3 GW 10, 325f (Ludwig Feuerbach: Gesammelte Werke, hg. Werner Schuffenhauer, Berlin (Akademie Verlag) 1967ff [zit.: GW]).

4 Anselm Ritter v. Feuerbachs Leben und Wirken aus seinen ungedruckten Briefen und Tagebüchern, Vorträgen und Denkschriften, 2 Bde., hg. Ludwig Feuerbach, Leipzig 1852, Bd. I, S. 98f.

5 Karl Grün: Ludwig Feuerbach in seinem Briefwechsel und Nachlaß, Leipzig und Heidelberg 1874, Bd. I, S. 6.

6 Zitiert nach W. Bolin, Einleitung in Bd. XII der SW, S. 6f [als SW zitiert: Ludwig Feuerbach: Sämtliche Werke, hg. W. Bolin und F. Jodl, Reprint Stuttgart 1959 mit 2 Ergänzungsbänden hg. H.-M. Sass: Bd. XI: Jugendschriften, Stuttgart 1962 und Bd. XII/XIII: Briefwechsel, Stuttgart 1964].

7 Feuerbach-Nachlaß, Universitätsbibliothek München, cod. ms. 935a, 15 (6).

8 Feuerbach-Nachlaß, Universitätsbibliothek München, cod. ms. 935a, 15 (10), 13. 5. 1821.

9 Feuerbach-Nachlaß, Universitätsbibliothek München, cod. ms. 935a, 15 (3), 7. 8. 1818.

10 Feuerbach-Nachlaß, Universitätsbibliothek München, cod. ms. 935a, 15 (5), 14. 11. 1818.

11 SW XII, S. 216f, August 1821.

12 Vgl. G. Thomasius: Das Wiedererwachen des evangelischen Lebens in der lutherischen Kirche Bayerns, Erlangen 1867.

13 Zitiert nach U. Schott: Die Jugendentwicklung Ludwig Feuerbachs bis zum Fakultätswechsel 1825, Göttingen 1973, S. 33.

14 GW, 10, S. 182.

15 Zitiert bei Karl Grün: Ludwig Feuerbachs philosophische Charakterentwick-
   lung, Bd. I, Leipzig und Heidelberg 1874, S. 10.
16 Feuerbach-Nachlaß, Universitätsbibliothek München, cod. ms. 935 d, 29 (Zitate aus Brief I und XII).
17 H. G. E. Paulus und seine Zeit, hg. K. A. v. Reichlin-Meldegg, Stuttgart
   1853, Bd. II, S. 154.
18 Karl Daub: Die dogmatische Theologie . . ., S. 377.
19 D. Fr. Strauß: Charakteristiken und Kritiken, 2. Aufl., Leipzig 1844, S. 144.
20 Karl Rosenkranz: Erinnerungen an Karl Daub, Berlin 1837, S. 50f.
21 Beide Vorlesungen in Bd. 5, 1. u. 2. Abt. der von Ph. K. Marheineke und Th.
   v. Dittenberger 1838/44 herausgegebenen Philosophischen und Theologischen Vorlesungen von Daub.
22 SW XII, S. 222–224.
23 SW XII, S. 228.
24 SW XII, S. 231.
25 SW XII, S. 243/44.
26 G. W. F. Hegel: Ästhetik, hg. Fr. Bassenge, Frankfurt/M. 1955, Bd. I, S. 489.
27 Friedrich Wilhelm Universität Erlangen, Universitätsarchiv.
28 Geheimes Staatsarchiv Berlin; Abschriften und Nachlaß Wilhelm Bolin, Bd.
   10, Universitätsbibliothek Helsinki.
29 Brief an die Mutter vom 22. 10. 1820, SW XII, S. 215.
30 SW II, S. 362f.
31 Der deutsche Text wird nach der Übersetzung von Manfred Hiller zitiert, in
   Ludwig Feuerbach. Werke in 6 Bänden, hg. E. Thies, Bd. I: Frühe Schriften,
   Frankfurt am Main 1975, hier S. 18f.
32 a. a. O., S. 20.
33 a. a. O., S. 21f.
34 a. a. O., S. 49.
35 a. a. O., S. 47.
36 a. a. O., S. 50.
37 SW XI, S. 58.
38 Vgl. Karl Löwith: Die Hegelsche Linke, Stuttgart 1962, S. 14f.
39 Vgl. J. E. Erdmanns nicht falsche, aber einseitige These, daß Hegel selbst
   Panlogist gewesen sei, in seinem Grundriß der Geschichte der Philosophie,
   Berlin 1866, Bd. II, S. 594.
40 Hegel: Sämtliche Werke, ed. Glockner, Bd. IX, S. 716, 720.
41 Zitiert bei Karl Grün, a. a. O., Bd. I, S. 218. Eine ausführliche Interpretation
   dieses Briefes findet sich bei E. Thies: Philosophie und Wirklichkeit. Die
   Hegelkritik Ludwig Feuerbachs, in: Ludwig Feuerbach, hg. E. Thies, Darmstadt 1976, S. 431–482; dazu A. Schmidt: Emanzipatorische Sinnlichkeit,
   München 1973, S. 185ff.
42 SW XIII, S. 84.
43 SW XI, S. 71f.
44 SW XI, S. 82f. Die These von der Säkularisierungsbedeutung des Pietismus
   wird später von Bruno Bauer entwickelt. Bauer galt bisher immer als einziger
   Verfechter dieser These, vgl. E. Barnikol: Bruno Bauer. Studien und Materialien, hg. P. Reimer und H.-M. Sass, Assen 1972, S. 354–374. Zur Über-
   schneidung von anderen Thesen Bruno Bauers mit denen seiner Freunde und
   der kommunikationsmethodischen Bedeutung dieses Faktums vgl. H.-M.

Sass: Bruno Bauers Critical Theory, in: The Philosophical Forum, Boston 1978, No. 1/2.

45 SW XI, S. 87.
46 SW XI, S. 57.
47 SW XI, S. 53 u. ö.
48 SW XI, S. 44 ff, 57.
49 SW XI, S. 121 f, 55.
50 SW XI, S. 40 f.
51 SW XI, S. 288. Diese Stelle fehlt neben wenigen anderen in der 2. Aufl. der «Gedanken über Tod und Sterblichkeit» in Feuerbachs Sämtlichen Werken, Bd. III, 1847.
52 SW XI, S. 308.
53 Bayerisches Hauptstaatsarchiv, zitiert nach der Abschrift im Nachlaß von W. Bolin, Universitätsbibliothek Helsinki, Bd. X, S. 281–283.
54 Ludwig Feuerbach: Einleitung in die Logik und Metaphysik (1829/30), hg. C. Ascheri und E. Thies, Darmstadt 1975, S. 133.
55 Vgl. SW II, S. 366.
56 Einleitung in die Logik, S. 33.
57 Ludwig Feuerbach: Vorlesungen über die Geschichte der neueren Philosophie, hg. C. Ascheri und E. Thies, Darmstadt 1974, S. 4 und 8.
58 a. a. O., S. 11.
59 SW II, S. 378.
60 SW III, S. 177 f.
61 Vgl. H.-M. Sass: Feuerbach statt Marx . . ., in: International Review of Social History, 12 (1967), zitiert S. 112.
62 Ludwig Feuerbach SW, Leipzig 1848, Bd. 6, S. VI. [Die von Ludwig Feuerbach selbst veranstaltete Gesamtausgabe, Leipzig 1846 ff, wird zit.: Feuerbach SW].
63 a. a. O., S. 78 f.
64 a. a. O., S. 73.
65 a. a. O., S. 232–236.
66 Bayerisches Hauptstaatsarchiv.
67 Karl Grün, a. a. O., Bd. I, S. 270 f.
68 SW II, S. 379.
69 SW II, S. 381.
70 SW II, S. 114 f.
71 SW XII, S. 312.
72 SW II, S. 182 f.
73 Feuerbach SW, Bd. II, S. 230.
74 SW VII, S. 72, 51.
75 SW VII, S. 91.
76 Das Manuskriptfragment liegt im Feuerbach-Nachlaß der Universitätsbibliothek München, cod. ms. 935 d, 17 a.
77 Vgl. H.-M. Sass: Edgar Bauer über Szeliga und Stirner (1882), in: The Philosophical Forum, Boston 1978, No. 1/2.
78 SW XIII, S. 55.
79 Das Wesen des Christentums, 1. Aufl., Leipzig 1841, S. 2.
80 a. a. O., S. 369.
81 SW II, S. 242.

82 Das Wesen des Christentums, 1. Aufl., S. 3–7.
83 a. a. O., S. 10.
84 a. a. O., S. 16.
85 a. a. O., S. 17 f.
86 Vgl. SW XIII, S. 72. – Johannes Müller: Rezension. Wesen des Christentums von Ludwig Feuerbach, in: Theologische Studien und Kritiken, hg. Ullmann und Umbreit, 1842, I, S. 171 ff.
87 Feuerbach SW, I, S. 222.
88 Werke in 6 Bänden, hg. E. Thies, Bd. 3 (1975), S. 244–246. – Vgl. oben Anm. 2.
89 Feuerbach SW, I, S. 256.
90 Max Stirner: Der Einzige und sein Eigentum, neue Ausgabe 1924, S. 60 f, 69.
91 Zur Charakteristik Ludwig Feuerbachs, in: Wigand's Vierteljahrsschrift, 3. Band, Leipzig 1845, S. 91, 121.
92 SW VIII, S. 303.
93 Vgl. H. Arvon: Feuerbach und die Theologie, in: Ludwig Feuerbach, hg. E. Thies, Darmstadt 1976, S. 395–404, bes. S. 399.
94 Oswald Bayer: Gegen Gott für den Menschen, in: Ludwig Feuerbach, hg. E. Thies, Darmstadt 1976, S. 306.
95 J. Baechtold: Gottfried Kellers Leben, seine Briefe und Tagebücher, Bd. 1, 1894, S. 353.
96 Gottfried Keller: Der grüne Heinrich (hg. Ermatinger) 1913, (IV), S. 180.
97 Marx-Engels-Studienausgabe, Frankfurt/M. 1966 (Fischer-Bücherei), Bd. I, S. 190 f.
98 Feuerbach SW 1, S. 257.
99 a. a. O., S. 256–258.
100 SW XIII, S. 383, vgl. S. 405.
101 Karl Grün, a. a. O., Bd. 1 und Carlo Ascheri: Feuerbachs Bruch mit der Spekulation, Frankfurt/M. 1969.
102 Feuerbach Kleine Schriften, hg. K. Löwith, Frankfurt/M. 1966, S. 124 f [zit.: Kleine Schriften].
103 a. a. O., S. 128.
104 a. a. O., S. 135–137, 211.
105 a. a. O., S. 212.
106 a. a. O., S. 195 f.
107 a. a. O., S. 206.
108 a. a. O., S. 173.
109 a. a. O., S. 200.
110 a. a. O., S. 197 f.
111 a. a. O., S. 213.
112 a. a. O., S. 209.
113 a. a. O., S. 203.
114 J. J. Rousseau: Schriften zur Kulturkritik, hg. K. Weigand, 1955, S. 4 f.
115 Zur Analyse der Feuerbachschen Programmschriften vgl. H.-M. Sass: Feuerbachs Prospekt einer neuen Philosophie, in: Revue Internationale de Philosophie, 26 (No. 101), 1972, S. 255–274.
116 Bruno Bauer an Feuerbach, 10. 3. 1842, vgl. H.-M. Sass: Bruno Bauers Idee der Rheinischen Zeitung, in: Zeitschrift für Religions- und Geistesgeschichte, XIX, 1967, S. 321–332.

117 Vgl. H.-M. Sass: The Non-Hegelian Origin of Karl Marx's Early Concept of Dialectical Materialism, in: The Philosophical Forum, Boston 1978.
118 Vgl. H.-M. Sass: Bruno Bauer's Critical Theory, in: The Philosophical Forum, Boston 1978.
119 (Bruno Bauer:) Die Posaune des jüngsten Gerichts, 1841, S. 13.
120 Marx an Ruge am 18. 3. 1843 (Marx-Engels-Werke), 27, Berlin 1963, S. 415.
121 a. a. O., S. 417.
122 Marx-Engels-Werke, Bd. 1, S. 205 ff; vgl. Werner Schuffenhauer: Feuerbach und der junge Marx, Berlin 1965, S. 50 ff.
123 1. MEGA, I, 1, 1, S. 286.
124 Karl Grün, a. a. O., Bd. II, S. 324 f.
125 Feuerbach SW, I, S. XIV f.
126 a. a. O., S. 359.
127 Feuerbach an Emilie Kapp, 3. 11. 1844, SW XIII, S. 140.
128 Poesiealbum von Elise Feuerbach im Besitz der Familie Peter A. Feuerbach. – Ludwig Feuerbachs Eintragung ist vom 30. Dez. 1851 und stellt ein Zitat aus den «Philosophischen Grundsätzen und Kritiken» dar. Auch von Johanna Kapp und Friedrich Kapp finden sich Eintragungen.
129 SW XIII, S. 106.
130 SW XIII, S. 106 f.
131 Vgl. Wilhelm Bolins Darstellung in: SW XII, S. 101 ff und (objektiver als Bolin) Edith Lenel: Friedrich Kapp, Leipzig 1935, S. 41/42.
132 Ludwig Feuerbach an Bertha Feuerbach, 22. 7. 1846 (Feuerbach-Nachlaß, Universitätsbibliothek München). – Zu Johanna Kapps Verhältnis zu Feuerbach vgl. Herbert Derwein: Das goldene Waldhorn, in: Heidelberger Fremdenblatt, 2. Septemberhälfte 1960, S. 1–7, und Edith Lenels Darstellung.
133 SW XIII, S. 156.
134 Ludwig Feuerbach an Bertha Feuerbach, 6. 6. 1848 (Feuerbach-Nachlaß, Universitätsbibliothek München).
135 SW XII, S. 114.
136 Feuerbachs SW 8, S. 1.
137 a. a. O., S. 459 f.
138 a. a. O., S. VII f.
139 SW XIII, S. 174.
140 Friedrich Kapp an Ludwig Feuerbach, 20. 12. 1852 (Nachlaß Wilhelm Bolin). – Zu Ernst Kapp vgl. H.-M. Sass: Die philosophische Erdkunde des Hegelianers Ernst Kapp, in: Hegelstudien, 1973, S. 163–181, und Ernst Kapp: Philosophie der Technik, 2. Aufl., Düsseldorf 1978, hg. und eingeleitet H.-M. Sass.
141 Friedrich Kapp an Ludwig Feuerbach, 30. 1. 1851, vgl. auch SW XII, S. 144.
142 SW XIII, S. 243.
143 Feuerbachs Briefwechsel, hg. W. Schuffenhauer, Leipzig 1963, S. 246.
144 SW XII, S. 169.
145 Zitiert in: Konrad Deublers Lebens- und Entwicklungsgang und handschriftlicher Nachlaß, hg. A. Dodel-Port, Bd. I, Leipzig 1886, S. 183.
146 Briefwechsel, hg. W. Schuffenhauer, S. 263. – Eigentlich hat erst Gerd Brand 1971 in «Die Lebenswelt» eine «Philosophie des konkreten Apriori» vorgelegt trotz aller früheren phänomenologischen und existenzphilosophischen Ansätze von Husserl bis Merleau-Ponty.

147 GW X, S. 4.
148 a. a. O., S. 71.
149 a. a. O., S. 76 f.
150 a. a. O., S. 46 f.
151 Feuerbach-Nachlaß (Universitätsbibliothek München) 935 d, 27 d.
152 A. Kohut: Ludwig Feuerbach, 1909, S. 353.
153 GW IX, S. 363.
154 Feuerbach SW X, S. 60.
155 a. a. O., S. 65, 78.
156 Kleine Schriften, S. 212.
157 Wilhelm Bolin: Über Ludwig Feuerbachs Briefwechsel und Nachlaß. Zur Verteilung an die Freunde des Verstorbenen als Privatmitteilung des Verfassers gedruckt, Helsingfors 1877, S. 43.
158 Kleine Schriften, S. 218.

Zeittafel

1804	Ludwig Andreas Feuerbach, als vierter Sohn des damaligen Professors Paul Johann Anselm Feuerbach am 28. Juli in Landshut geboren
1817–1822	Besuch des Ansbacher Gymnasiums
1823	Zwei Semester Theologiestudium in Heidelberg bei dem Hegelianer Karl Daub
1824–1826	Studium in Berlin bei Hegel; 1825 gegen den Willen des Vaters Wechsel in die philosophische Fakultät
1828	Promotion in Erlangen mit der Arbeit *De infinitate, unitate, atque communitate rationis*
1829–1832	Privatdozent der Philosophie an der Universität Erlangen
1830	Anonyme Veröffentlichung der *Gedanken über Tod und Unsterblichkeit*
1833	*Geschichte der neueren Philosophie von Bacon bis Spinoza;* es folgen 1837 *Darstellung, Entwicklung und Kritik der Leibnizschen Philosophie;* 1838 *Pierre Bayle* und 1839 *Zur Kritik der Hegelschen Philosophie*
1837	Heirat mit Bertha Löw am 12. November und Übersiedlung nach Schloß Bruckberg bei Ansbach; Geburt der Tochter Eleonore am 6. September 1839
1841	*Das Wesen des Christentums*
1842	*Vorläufige Thesen zur Reformation der Philosophie.* Intensives Studium der Werke Martin Luthers; 1844 *Das Wesen des Glaubens im Sinne Luthers.* – Unglückliche und unerfüllte Liebe zwischen Johanna Kapp und Ludwig Feuerbach
1843	*Grundsätze der Philosophie der Zukunft*
1848	Öffentliche *Vorlesungen über Das Wesen der Religion* im Rathaussaal zu Heidelberg von Dezember 1848 bis zum Frühjahr 1849. – Seit 1848 bis in die fünfziger Jahre nicht realisierte Pläne zur Emigration nach Amerika
1850	Nachlassen der schöpferischen Kräfte Feuerbachs; 1852 bis 1857 Arbeit an der *Theogonie aus den Quellen des Classischen, hebräischen und christlichen Altertums*
1860	Übersiedlung auf den Rechenberg bei Nürnberg nach dem wirtschaftlichen Ruin der Porzellanfabrik in Bruckberg; seither finanzielle Unterstützung durch Friedrich Kapp in New York, die Schillerstiftung und Nürnberger Freunde und Gönner, auch durch die Sozialdemokratische Arbeiterpartei
1862	Freundschaft mit Konrad Deubler aus Goisern

1863	Studien zur *Willensfreiheit* und zur *Ethik*, nur zum Teil veröffentlicht und fragmentarisch
1872	Nach Jahren wechselnder Krankheiten und geistiger Müdigkeit am 13. September gestorben und am 15. September auf dem Johannisfriedhof in Nürnberg begraben

Zeugnisse

Friedrich Engels

Die Masse der entschiedensten Junghegelianer wurde durch die
praktischen Notwendigkeiten ihres Kampfes gegen die positive Religion auf den englisch-französischen Materialismus zurückgedrängt.
Und hier kamen sie in Konflikt mit ihrem Schulsystem . . . da kam
Feuerbachs «Wesen des Christentums». Mit einem Schlag zerstäubte
es den Widerspruch, indem es den Materialismus ohne Umschweife
wieder auf den Thron erhob. Die Natur existiert unabhängig von aller
Philosophie; sie ist die Grundlage, aus der wir Menschen, selbst
Naturprodukte, erwachsen sind. Außer der Natur und den Menschen
existiert nichts, und die höheren Wesen, die unsere religiöse Phantasie erschuf, sind nur die fantastische Rückspiegelung unseres eigenen
Wesens. Der Bann war gebrochen; das «System» war gesprengt und
beiseite geworfen, der Widerspruch war, als nur in der Einbildung
vorhanden, aufgelöst. – Man muß die befreiende Wirkung dieses
Buches selbst erlebt haben, um sich eine Vorstellung davon zu
machen.

1888

Gottfried Keller

Ich habe aber auch noch keinen Menschen gesehen, der so frei von
allem Schulstaub, von allem Schriftdünkel wäre, wie dieser Feuerbach. Er hat nichts als die Natur und wieder die Natur; er ergreift sie
mit allen seinen Fibern in ihrer ganzen Tiefe und läßt sich weder von
Gott noch Teufel aus ihr herausreißen.

1849

Karl Löwith

Mit Feuerbach beginnt die Epoche eines traditionslosen Philosophierens, das – von rückwärts her betrachtet – zwar ein Verfall in begriff-

143

liche und methodische Primitivität ist, vorwärts gesehen aber der praktische Versuch, die Fragestellung der Philosophie gemäß dem faktisch veränderten Existenzbewußtsein dieser Generation umzubilden.

1928

Werner Schuffenhauer

Feuerbach war ein unmittelbarer Vorläufer der marxistisch-leninistischen Philosophie, einer der bedeutendsten Vertreter des bürgerlichen Materialismus und ein unbeugsamer Streiter für Wahrheit und Recht. Er war ein glühender Humanist und Anwalt einer menschenwürdigen Gestaltung unserer, der einzig wirklichen Welt des Menschen. Auf diese Erde hat er die Philosophie herabgerufen, die sich in einer erdachten Welt verloren hatte. Erst auf dem von Feuerbach bereiteten, realen materialistischen Boden konnte die Umgestaltung der Philosophie zum Instrument der revolutionären Veränderung der Wirklichkeit vollzogen werden. Die Wichtigkeit dieser wegbereitenden Tat begründet den geschichtlichen Rang, die bleibende Bedeutung der Persönlichkeit und des Werkes von L. Feuerbach.

1972

Manfred H. Vogel

Feuerbach ist der Philosoph des Menschen. Er ist der philosophische Anthropologe par excellence. In diesem weiteren Sinne des Wortes «religiös», d. h. in der Behandlung der Frage nach der Bestimmung des Menschen, konnte er behaupten, daß seine Philosophie insgesamt Religion sei. Und genau von diesem Punkt aus ist auch seine eindringliche und beständige Kritik an dem zu verstehen, was er Abweichung von der «Religion» nennt, nämlich Theologie und Religion im engeren Sinne.

1966

Alfred Schmidt

Feuerbachs «existentialistische», das Verhältnis von Subjektivität, Leib und Welt betreffende, Erwägungen bilden einen wesentlichen Beitrag zu der – erst jüngst marxistisch aufgenommenen – Fragestellung, wie das Konzept von «Weltkonstitution» aus den Trümmern des Idealismus in eine qualitativ neue Theorie (und Praxis) hinüberzuret-

144

ten sei. – Revisionsbedürftig ist die marxistisch noch weit verbreitete These, Feuerbach gehöre in die Tradition des mechanischen Materialismus. Die Frage der Stellung Feuerbachs in der Geschichte der materialistischen Philosophie ist insofern von nicht bloß archivarischem, sondern auch sachlichem Interesse.

1973

Louis Althusser

Man lese die Texte über die Reform der Philosophie und über die Philosophie der Zukunft. Es sind echte Proklamationen, die begeisterte Ankündigung der theoretischen Offenbarung, die den Menschen von seinen Ketten befreien wird. Feuerbach wendet sich an die Menschheit. Er zerreißt die Schleier der universalen Geschichte, zerstört die Mythen und Lügen, entdeckt und erstattet dem Menschen seine Wahrheit. Die Zeit ist gekommen. Die Menschheit geht schwanger mit einer nahe bevorstehenden Revolution, die ihr den Besitz ihres Seins geben wird. Die Menschen mögen sich dessen endlich bewußt werden, und sie werden wirklich das sein, was sie in Wahrheit sind: freie, gleiche und brüderliche Wesen.

1973

Martin Buber

Feuerbach hat jene Du-Entdeckung eingeleitet, die man die «kopernikanische Tat» des modernen Denkens und ein «elementares Ereignis» genannt hat, das genau so folgenschwer ist wie die Ich-Entdeckung des Idealismus und zu einem zweiten Neuanfang des europäischen Denkens führen muß, der über den ersten Cartesianischen Einsatz der neueren Philosophie hinausweist.

1952

Bibliographie
der Schriften L. Feuerbachs

A) Selbständig erschienene Schriften

1 De infinitate, unitate atque communitate rationis. Disputatio inauguralis. Scripsit Ludwig Feuerbach 1828, 85 Seiten
2 De ratione una, universali, infinita. Dissertatio inauguralis philosophica Auctore L. A. Feuerbach, phil. Doct. Erlangen 1828
3 Gedanken über Tod und Unsterblichkeit, aus den Papieren eines Denkers, nebst Anhang theologisch-satyrischer Xenien, hrsg. von einem seiner Freunde, Nürnberg (Adam Stein) 1830, anonym
4 Geschichte der neueren Philosophie von Bacon von Verulam bis Benedikt Spinoza, Ansbach 1833, 2. Aufl. 1844
5 Abälard und Heloise oder Der Schriftsteller und der Mensch. Eine Reihe humoristisch-philosophischer Aphorismen, Ansbach 1834, 2. Aufl. 1844
6 Kritik des «Anti-Hegels». Zur Einleitung in das Studium der Philosophie. Ansbach 1835 (gleichzeitig in Kommission im Verlag von Herbig Leipzig 1835 mit drei Titelblättern: 1. Kritiken auf dem Gebiete der Philosophie. Von Ludwig Feuerbach, Privatdozenten der Philosophie. Erstes Heft; 2. Kritiken auf dem Gebiete der Philosophie. Von Ludwig Feuerbach, Privatdozenten der Philosophie. Erstes Heft. Kritik des «Anti-Hegels»; 3. Kritik des «Anti-Hegels». Zur Einleitung in das Studium der Philosophie. Von Ludwig Feuerbach, Privatdozenten der Philosophie.) 2. Aufl. 1844
7 Geschichte der neueren Philosophie. Darstellung, Entwicklung und Kritik der Leibnizschen Philosophie, Ansbach 1837, 2. Aufl. 1844
8 Pierre Bayle nach seinen für die Geschichte der Philosophie und Menschheit interessantesten Momenten dargestellt und gewürdigt, Ansbach 1838, 2. Aufl. 1844
9 Über Philosophie und Christentum in Beziehung auf den der Hegelschen Philosophie gemachten Vorwurf der Unchristlichkeit, Mannheim 1839 (Der erste Teil erschien in den Hall. Jahrb. f. dt. Wissensch. u. Kunst, Lpz. 1839, S. 481 ff unter dem Titel: Der wahre Gesichtspunkt, . . . vgl. B 11)
10 Das Wesen des Christentums, Leipzig 1841; 2. veränderte Aufl. Lpz. 1843; 3. veränderte Aufl. Lpz. 1849
11 Dr. Christian Kapp und seine literarischen Leistungen. Ein Beitrag zur Literaturgeschichte des 19. Jahrhunderts, Mannheim 1839, anonym
12 Andenken an Eduard August Feuerbach, Ansbach (vermutlich) 1843
13 Grundsätze der Philosophie der Zukunft, Zürich und Winterthur 1843
14 Das Wesen des Glaubens im Sinne Luthers, ein Beitrag zum: Wesen des

146

Christentums, Leipzig 1844; 2. Aufl. Leipzig 1855

15 Vorlesungen über das Wesen der Religion. Nebst Zusätzen und Anmerkungen, Leipzig 1851

16 (Hg.) Anselm Ritter von Feuerbachs Leben und Wirken aus seinen ungedruckten Briefen und Tagebüchern, Vorträgen und Denkschriften veröffentlicht von seinem Sohne Ludwig Feuerbach, Bd. 1, 2, Leipzig 1852 (Mit einem Vorw. v. L. Feuerbach, S. IX – XXIV)

17 Theogonie nach den Quellen des classischen hebräischen und christlichen Altertums, Leipzig 1857

B) Kleinere Schriften, Rezensionen, Aufsätze

1 Der Ursprung des Bösen nach Jacob Böhm (Athene, v. Chr. Kapp, Kempten 1832)

2 Rezension über Karl Rosenkranz, Hegel. Sendschreiben an den Hrn. Dr. C. F. Bachmann, Königsberg 1834 (Jahrbücher für wissenschaftliche Kritik, April 1835, I S. 521 ff)

3 Rezension über J. Kuhn, Jacobi und die Philosophie seiner Zeit. Ein Versuch, das wissenschaftliche Fundament der Philosophie historisch zu erörtern. Mainz 1834 (Jahrbücher für wissenschaftliche Kritik, Mai 1835, I S. 729 ff)

4 Rezension über F. J. Stahl, Die Philosophie des Rechts nach geschichtlicher Ansicht. Erster Band: Die Genesis der gegenwärtigen Rechtsphilosophie, Heidelberg 1830. Zweiter Band: Christliche Rechts- und Staatslehre. Erste Abteilung. Heidelberg 1833 (Jahrbücher für wissenschaftliche Kritik, Juli 1835, II S. 1 ff). Zweite und endgültige Fassung unter der Überschrift: I. Kritik der christlichen Rechts- und Staatslehre (von F. J. Stahl 1833) in Feuerbachs «Sämtlichen Werken», Bd. I, Leipzig 1846

5 Rezension über Hegels Werke, hrsg. von C. L. Michelet, Hegels Vorlesung über die Geschichte der Philosophie, Berlin 1833 (Jahrbücher für wissenschaftliche Kritik, September 1835, II S. 369 ff)

6 Rezension über J. E. Erdmann, Versuch einer wissenschaftlichen Darstellung der Geschichte der neueren Philosophie. Ersten Bandes erste Abteilung: Darstellung und Kritik der Philosophie des Cartesius nebst einer Einleitung in die Geschichte der neueren Philosophie, Riga und Dorpat 1834 und Rezension über C. F. Hock, Cartesius und seine Gegner. Ein Beitrag zur Charakteristik der philosophischen Bestrebungen unserer Zeit. Wien 1835 (Jahrb. für wissenschaftliche Kritik, April 1836, I S. 573 ff). Zweite und endgültige Fassung unter der Überschrift: 1. Geschichte der neueren Philosophie. Von Dr. J. E. Erdmann (I. Bd., 1. Abtl.) 2. Cartesius und seine Gegner. Von Dr. C. F. Hock in Feuerbachs «Sämtlichen Werken», Bd. II, Leipzig 1846

7 Rezension über K. Bayer, Die Idee der Freiheit und der Begriff des Gedankens, Nürnberg 1837 (Hallische Jahrbücher für deutsche Wissenschaft und Kunst, hrsg. A. Ruge und Th. Echtermeyer, Leipzig Januar 1838, S. 46 ff). Zweite und endgültige Fassung unter der Überschrift: Die Idee der Freiheit. Von K. Bayer in Feuerbachs «Sämtlichen Werken», Bd. II, Leipzig 1846

8 Rezension über F. Dorguth, Zur Kritik des Empirismus. Kritik des Idealismus und Materialien zur Grundlage des apodiktischen Realrationalismus, Magdeburg 1837 (Hall. Jahrb. f. dt. Wissensch. u. Kunst, Leipzig März 1838, S.

582ff). Zweite und endgültige Fassung unter der Überschrift: Kritik des Idealismus. Von F. Dorguth in Feuerbachs «Sämtlichen Werken», Bd. II, Leipzig 1846

9 Rezension über J. E. Erdmann, Versuch einer wissenschaftlichen Darstellung der Geschichte der neueren Philosophie, 1. Bd. 2. Abtl. 1836 (Jahrbücher für wissenschaftliche Kritik, April 1838, I S. 534ff). Zweite und endgültige Fassung unter der Überschrift: Geschichte der neuern Philosophie. Von Dr. Joh. Ed. Erdmann (I. Bd., II. Abtl.) in Feuerbachs «Sämtlichen Werken», Leipzig 1846

10 Rezension über J. Sengler, Zur Kritik der «positiven Philosophie». Über das Wesen und die Bedeutung der spekulativen Philosophie und Theologie in der gegenwärtigen Zeit, mit besonderer Rücksicht auf die Religionsphilosophie. Spezielle Einleitung in die Philosophie und spekulative Theologie. Heidelberg 1837 (Hall. Jahrb. f. dt. Wissensch. u. Kunst, Lpz. Dezember 1838, S. 2305ff, anonym). Zweite und endgültige Fassung unter der Überschrift: II. Kritik der christlichen oder «positiven» Philosophie (Über das Wesen und die Bedeutung der spekulativen Philosophie und Theologie in der gegenwärtigen Zeit. Von Dr. Sengler, ord. Prof. der Phil. 1837) in Feuerbachs «Sämtlichen Werken», Bd. I, Leipzig 1846

11 Der wahre Gesichtspunkt, aus welchem der «Leo-Hegelsche Streit» beurteilt werden muß; in Beziehung auf die in der «Augsburger Allgemeinen Zeitung» hierüber enthaltenen Artikel. (Artikel in den Hall. Jahrb. f. dt. Wissensch. u. Kunst, März 1839, S. 481ff); vgl. Selbständige Schriften, Nr. 9: Über Philosophie und Christentum . . .

12 Über das Wunder (Athenäum für Wissenschaft, Kunst und Leben. Eine Monatsschrift für das gebildete Deutschland, Nürnberg, Mai 1839, S. 1–55)

13 An Carl Riedel. Zur Berichtigung seiner Skizze (Athenäum für Wissenschaft, Kunst und Leben. Eine Monatsschrift für das gebildete Deutschland, Nürnberg, Mai 1839, S. 50–64)
Gekürzt und verändert unter der Überschrift: L. Feuerbach an C. Riedel, in Feuerbachs «Sämtlichen Werken», Bd. II, Leipzig 1846

14 Zur Kritik der Hegelschen Philosophie (Hall. Jahrb. f. dt. Wissensch. u. Kunst, Leipzig, August und September 1839, S. 1657ff)

15 Rezension über Dr. Christian Kapp und seine literarischen Leistungen. Ein Beitrag zur Literargeschichte des 19. Jahrhunderts, Leipzig 1839 (Hall. Jahrb. f. dt. Wissensch. u. Kunst, Leipzig, Dezember 1839, S. 2369ff, anonym). Zweite und endgültige Fassung unter der Überschrift: Christian Kapp und seine literarischen Leistungen in Feuerbachs «Sämtlichen Werken», Bd. II, Leipzig 1846; vgl. Selbständige Schriften Nr. 11

16 Das Pathos der Kritik und die Kritik der unreinen Vernunft. Teile eines Briefs an A. Ruge (Hall. Jahrb. f. dt. Wissensch. u. Kunst, Leipzig, Januar 1840, S. 93f)

17 Rezension über Karl Bayer, Betrachtungen über den Begriff des sittlichen Geistes und über das Wesen der Tugend, Erlangen 1839 (Hall. Jahrb. f. dt. Wissensch. u. Kunst, Leipzig, April 1840, S. 676ff von . . . ch). Zweite und endgültige Fassung unter der Überschrift: Über den Begriff des sittlichen Geistes. Von Dr. Karl Bayer in Feuerbachs «Sämtlichen Werken» Bd. II, Leipzig 1846

18 Rezension über E. C. J. Lützelberger, 1. Grundzüge der Paulinischen Glau-

benslehre. Ein theologisch-exegetischer Versuch. Nürnberg 1839 und 2. Die kirchliche Tradition über den Apostel Johannes und seine Schriften, in ihrer Grundlosigkeit nachgewiesen. Leipzig 1840 (Hall. Jahrb. f. dt. Wissensch. u. Kunst, Leipzig September 1840, S. 1841 ff, anonym)

19 Rezension über J. N. Ringseis, Zur Charakteristik des modernen Afterchristentums. Herr Dr. Nepomuk von Ringseis oder Hippokrates in der Pfaffenkutte (Hall. Jahrb. f. dt. Wissensch. u. Kunst, Leipzig Juni 1841, S. 521 ff, anonym). Zweite und endgültige Fassung unter der Überschrift: III. Kritik der christlichen Medizin (System der Medizin. Ein Handbuch der allgemeinen und speziellen Pathologie und Therapie, zugleich ein Versuch zur Reformation und Restauration der medizinischen Theorie und Praxis. Von Dr. J. N. von Ringseis, königl. bayer. Obermedizinalrat, Ritter des Zivilverdienstordens der bayerischen Krone, 1841) in Feuerbachs «Sämtlichen Werken», Bd. I, Leipzig 1846

20 Rezension über J. F. Reiff, Einige Bemerkungen über den «Anfang der Philosophie» (Deutsche Jahrbücher für Wissenschaft und Kunst, hrsg. von A. Ruge, Leipzig Dezember 1841, S. 597 ff). Zweite und endgültige Fassung unter der Überschrift: Über den Anfang der Philosophie in Feuerbachs «Sämtlichen Werken», Bd. II, Leipzig 1846

21 Erklärung vom Verfasser des Hippokrates in der Pfaffenkutte (Deutsche Jahrb. f. Wissensch. u. Kunst, Leipzig Januar 1842, S. 12, anonym)

22 Rezension über Über den Marienkultus. «Die Glorie der heiligen Jungfrau Maria. Legenden und Gedichte nach spanischen, italienischen, lateinischen und deutschen Relationen und Originalpoesien.» Durch Eusebius Emmeran. (Deutsche Jahrb. f. Wissensch. u. Kunst, Leipzig Januar 1842, S. 37 ff, von Anti-Pemble). Zweite veränderte Fassung unter der Überschrift: Über den Marienkultus. (Die Glorie der heiligen Jungfrau Maria. Legenden und Gedichte durch Eusebius Emmeran, 1841) in Feuerbachs «Sämtlichen Werken», Bd. I, Leipzig 1846

23 Beleuchtung der in den «Theologischen Studien und Kritiken» (Jahrgang 1842, I. Heft) enthaltenen Rezension meiner Schrift «Das Wesen des Christentums» (Deutsche Jahrb. f. Wissensch. u. Kunst, Leipzig Januar 1842, S. 65 ff). Zweite und endgültige Fassung unter der Überschrift: Beurteilung einer theologischen Rezension vom ‹Wesen des Christentums› in Feuerbachs «Sämtlichen Werken», Bd. I, Leipzig 1846

24 Zur Beurteilung der Schrift «Das Wesen des Christentums» (Deutsche Jahrb. f. Wissensch. u. Kunst, Leipzig Februar 1842, S. 154 ff). Zweite und endgültige Fassung in Feuerbachs «Sämtlichen Werken», Bd. I, Leipzig 1846

25 Vorläufige Thesen zur Reformation der Philosophie (Anekdota zur neuesten deutschen Philosophie und Publizistik von B. Bauer, L. Feuerbach, Fr. Köppen, K. Nauwerk, A. Ruge und einigen Ungenannten, Bd. II, S. 62 ff, Zürich und Winterthur 1843)

26 Luther als Schiedsrichter zwischen Strauß und Feuerbach, von: Kein Berliner (Anekdota zur neuesten dt. Phil. u. Publizistik von B. Bauer, L. Feuerbach, Fr. Köppen, K. Nauwerk, A. Ruge und einigen Ungenannten, Bd. II, S. 206 ff, Zürich und Winterthur 1843)

27 F(euerbach) an R(uge). Veröffentlichter Brief (Deutsch-Französische Jahrbücher, Paris Juni 1843)

28 Der Unterschied der heidnischen und christlichen Menschenvergötterung

150

Gesamtausgaben

Ludwig Feuerbachs Sämtliche Werke, Leipzig 1846–1866, 10 Bde. [zit. als: *Feuerbach S. W.*]

Sämtliche Werke, hg. Wilhelm Bolin und Friedrich Jodl, Stuttgart 1903–1911. – 2. Aufl. Stuttgart 1959–1964 unverändert mit 3 Ergänzungsbänden, hg. Hans-Martin Sass (Bd. XI Jugendschriften; Bd. XII/XIII Briefwechsel) [zit. als: *S. W.*]

Werke in 6 Bänden, hg. Erich Thies, Frankfurt am Main 1975 ff [Bd. 1: Frühe Schriften, zit. als: *Frühe Schriften*]

Die umfangreichste Ausgabe sind die von Werner Schuffenhauer im Akademie Verlag, Berlin, seit 1969 herausgegebenen *Ludwig Feuerbach Gesammelte Werke*. Die Bände 1 bis 12 enthalten in kritischer Ausgabe die von Feuerbach zu seinen Lebzeiten veröffentlichten Schriften und sind bereits erschienen; die bisher noch nicht erschienenen Bände 13 bis 16 werden unveröffentlichte Manuskripte und Notizen enthalten und sollen zwischen 1995 und 1997 erscheinen; von den Briefbänden sind die Bände 17 bis 19 erschienen, die Bände 20 und 21 befinden sich in Vorbereitung; ein Gesamtregisterband ist für 1998 geplant. Diese Ausgabe ist auch in elektronischer Form auf Disketten oder in CD-Ram beim *Center for Text and Technology* der Georgetown University, Washington DC 20057, erhältlich.

Studientexte

Kleine Schriften, hg. Karl Löwith, Frankfurt am Main 1966 [zit. als: *Kleine Schriften*]

Grundsätze der Philosophie der Zukunft, hg. Gerhard Schmidt, Frankfurt am Main 1967

Das Wesen des Christentums, Hamburg (Reclam o. J.)

Vorlesungen über die Geschichte der neueren Philosophie (1835/36), hg. Erich Thies, Darmstadt 1974

Einleitung in die Logik und Metaphysik (1829/30), hg. Erich Thies, Darmstadt 1975

Wesen der Religion (Erstfassung), in: Ludwig Feuerbach e la natura non umana hg. F. Tomasoni, Florenz 1986

Übersetzungen Das Wesen des Christentums ist sehr früh nach dem Erscheinen schon – und bis heute hin mehrfach – in alle Kultursprachen übersetzt worden.

Principles of the Philosophy of Future, hg. und eingeleitet von Manfred H. Vogel, Indianapolis und New York 1966

Istorija filosofie, hg. M. M. Grigorjan, 3 Bde. Moskau 1967

Essenza della religione, hg. Carlo Ascheri und Claudio Cesa, Bari 1969

Necessità di un cambiamento (1842), hg. und eingeleitet von Carlo Ascheri, Rom 1970 (enthält auch zum erstenmal den aus dem Nachlaß vollständig edierten deutschen Text)

Manifestes philosophiques. Textes choisis 1839–1845, hg. und eingeleitet von Louis Althusser, Paris 1973

Scritti Filosofici, hg. Claudio Cesa, Rom und Bari 1976

Thoughts on Death and Immortality, hg. und eingeleitet von James A. Massey, Berkeley: University of California Press 1980

Bibliographie

Eine Bibliographie der Schriften von Feuerbach und der deutschsprachigen Literatur über Feuerbach 1833–1961 ist im Band XI (1. Ergänzungsband), S. 341–374 der von Bolin, Jodl, Sass herausgegebenen Ausgabe enthalten. Hierzu liegt eine ausgezeichnete Komplettierung im Anhang von Uwe Schott: Die Jugendentwicklung Ludwig Feuerbachs bis zum Fakultätswechsel 1825, Göttingen 1973, S. 234–252, vor. Im Anhang zu dem Kongreßbericht: Atheismus in der Diskussion, hg. H. Lübbe und H. M. Sass, München und Mainz 1975, S. 264–280, findet sich eine Dokumentation der internationalen Literatur über Feuerbach aus den Jahren 1960–1972.

Die *Societas ad Studia de Hominis Conditione colenda*, eine internationale Vereinigung der Ludwig-Feuerbach-Forscher, veranstaltet interdisziplinäre Konferenzen und veröffentlicht in unperiodischen Abständen Bulletins und Materialien für ihre Mitglieder.

Schriften über Feuerbach

Wilhelm Bolin: Biographische Einleitung zu: Ausgewählte Briefe von und an Ludwig Feuerbach (1904), jetzt in Sämtliche Werke, Bd. XII

Adolf Kohut: Ludwig Feuerbach, Leipzig 1909

Simon Rawidowitz: Ludwig Feuerbachs Philosophie, Berlin 1931 (Reprint 1964)

Werner Schuffenhauer: Ludwig Feuerbach und der junge Marx, Berlin 1965 (2. stark veränderte Aufl. Berlin 1972)

Hans-Jörg Braun: Ludwig Feuerbachs Lehre vom Menschen, Stuttgart 1971; Die Religionsphilosophie Ludwig Feuerbachs, Stuttgart 1972

Hermann Lübbe, Hans-Martin Sass (Hg.): Atheismus in der Diskussion (Bericht über den 1. Internationalen Ludwig Feuerbach Kongreß), München und Mainz 1972

Alfred Schmidt: Emanzipatorische Sinnlichkeit. Ludwig Feuerbachs anthropologischer Materialismus, München 1973

Erich Thies (Hg.): Ludwig Feuerbach (Wege der Forschung, Bd. 187), Darmstadt 1976

Walter Jaeschke: Feuerbach redivivus. Eine Auseinandersetzung mit der gegenwärtigen Forschung (Hegel-Studien, XIII, 1978)

H. J. Braun, H. M. Sass, W. Schuffenhauer, F. Tomasoni: Ludwig Feuerbach und die Philosophie der Zukunft (Bericht über den 2. Internationalen Ludwig Feuerbach Kongreß), Berlin 1990

Walter Jaeschke (Hg.): Sinnlichkeit und Rationalität. Der Umbruch in der Philosophie des 19. Jahrhunderts: Ludwig Feuerbach, Berlin 1992
H. J. Braun (Hg.): Solidarität oder Egoismus, Berlin 1994

Fremdsprachige Studien über Ludwig Feuerbach

Henri Arvon: Ludwig Feuerbach, Paris 1964
Carlo Ascheri: Feuerbach 1842. Necessità di un cambiamento, Rom 1970 (deutsch Frankfurt am Main 1969)
Eugene Kamenka: The Philosophy of Ludwig Feuerbach, London und New York 1970
Ryszard Panasiuk: Ludwig Feuerbach, Warschau 1972 (polnisch)
T. I. Oiserman: Formirovanie Filosofii Marksizma, 2. Aufl., Moskau 1974
Marx W. Wartofsky: Ludwig Feuerbach, Cambridge Univ. Press 1977
Feuerbach and the Left Hegelians. The Philosophical Forum, Boston 1978
H. M. Sass, Marx W. Wartofsky (Hg.): Feuerbach and the Left Hegelians. The Philosophical Forum, VIII 2–4, Boston 1978
F. Tomasoni: Feuerbach e la Dialettica dell'Essere, Florenz 1982

Namenregister

Die kursiv gesetzten Zahlen bezeichnen die Abbildungen

Über den Autor

Hans-Martin Sass, Herausgeber von Jugendschriften und Briefwechsel Feuerbachs ist Geschäftsführer der Allgemeinen Gesellschaft für Philosophie in Deutschland, Professor für Philosophie an der Ruhr-Universität Bochum und Gastprofessor an der Georgetown University in Washington, D. C.

Quellennachweis der Abbildungen

Sammlung Dr. Karlheinz Goldmann: 6, 8, 9, 12, 21, 25, 34, 41, 46, 49, 113
Foto E. Wasow: 10
Privatbesitz Familie Feuerbach: 13, 14, 54, 104, 116, 124, 128, 130
Universitätsbibliothek München (Feuerbach-Nachlaß): 18, 41, 70, 81, 97, 103, 104
Kurpfälzisches Museum der Stadt Heidelberg: 23
Rowohlt-Archiv: 27, 29, 58, 59, 61, 77, 87, 123
Universitätsarchiv Erlangen: 31, 32/33
Sammlung Hans-Martin Sass: 38, 68, 82/83, 93, 111, 134
Stadtbibliothek Kaminz: 51, 119
Bayerisches Hauptstaatsarchiv, München: 52
Stadtarchiv Ansbach: 57
Archiv Preußischer Kulturbesitz, Berlin: 73
Stadtbibliothek Nürnberg: 76
Freies Deutsches Hochstift, Frankfurter Goethemuseum: 88
Internationaal Instituut voor Sociale Geschiedenis, Amsterdam: 94, 98
Privatbesitz Familie Wolfgang Kapp: 105, 107, 108, 110, 115
Zentralbibliothek Zürich: 106
Stadtarchiv Heidelberg: 112
Städtische Kunstsammlung, Nürnberg: 120, 121, 132
Aus: A. Dodel-Port, K. Deubler, Lebens- und Entwicklungsgang, Leipzig 1886: 122
Bund für Geistesfreiheit, Nürnberg: 133

Die Abbildungen auf folgenden Seiten werden hier zum erstenmal veröffentlicht: 14, 31, 52, 108, 115

rowohlts monographien mit Selbstzeugnissen und Bilddokumenten. Begründet von Kurt Kusenberg, herausgegeben von Wolfgang Müller.

Eine Auswahl:

Theodor W. Adorno
dagestellt von Hartmut Scheible
(400)

Hannah Arendt
dargestellt von Wolfgang Heuer
(379)

Aristoteles
dargestellt von J.-M. Zemb
(063)

Buddha
dargestellt von Volker Zotz
(477)

Ludwig Feuerbach
dargestellt von Hans-Martin Sass
(269)

Johann Gottlieb Fichte
dargestellt von Wilhelm G. Jacobs
(336)

Immanuel Kant
dargestellt von Uwe Schultz
(101)

Konfuzius
dargestellt von Rierre Do-Dinh
(042)

Karl Marx
dargestellt von Werner Blumenberg
(076)

Platon
dargestellt von Gottfried Martin
(150)

Jean-Paul Sartre
dargestellt von Walter Biemel
(087)

Max Scheler
dargestellt von Wilhelm Mader
(290)

Rudolf Steiner
dargestellt von Christoph Lindenberg
(500)

Max Weber
dargestellt von Hans Norbert Fügen
(216)

Ein Gesamtverzeichnis der Reihe *rowohlts monographien* finden Sie in der *Rowohlt Revue.* Jedes Vierteljahr neu. Kostenlos. In Ihrer Buchhandlung.

Ein Gesamtverzeichnis der Reihe *rowohlts monographien* finden Sie in der *Rowohlt Revue*. Jedes Vierteljahr neu. Kostenlos. In Ihrer Buchhandlung.

rororo bildmonographien